夢想，從一個音符出發

田宜歆、鄭雅丹 著

將此書獻給我最愛的爸爸媽媽，
感恩他們的栽培與教養。

目錄

推薦序

卡通音樂會總監　Michael Kwok

音樂是通往生命本源的一道門

古希臘哲學亞里斯多德認為：音樂有三種功能與目的，即教育、消遣和精神享受。田老師舉辦的卡通音樂會正是具備了這三種功能，實至名歸。

古典主義和浪漫主義的音樂傳統與風格在教育音樂家的頭腦中已是根深蒂固，形成了一種模式、一種條律，容不得任何與之相對的東西。田老師就是在這處突破了限制，她真真正正的融合了古典與卡通音樂的精髓，讓兒童從輕鬆卡通音樂的大門，進而接觸這範疇浩瀚的古典音樂世界，從而領略古典音樂的美妙處。

而田宜歆老師為小朋友們推廣卡通音樂及在音樂教育的卓越成就

是絕對值得我們大家追隨與學習的。

認識了田老師之後，才知道她還有很多在其他方面的天賦。她是一個熱愛寫書法的人，她常常提及我們是先要知道中國書法的本源在哪裏，為何能成為「經典」及大師。

她強調：中國書法藝術的本源就在中國漢字。因中國始於象形的漢字就是中國書法的大本源。歷由這大本源，才衍生出篆、隸、草、楷、行等各種書體。

「回到本源」的概念是對我們現代人有其自我反思的作用。在人類歷史的發展中，每擴展到一極端而又往而返的時刻，總會有一股新與的反本運動繼起，要求回顧過往的源頭，從中汲取新的創造力量。

處於現代世界而倡言寫書法，讀古書，並不是迷信傳統，更不是固步自封；而是當我們愈懂得聆聽來自根源的聲音，我們就愈懂得如何向歷史追問，也就愈能夠清醒面對當世的苦難。所以田老師也提出我們應要擴大心量去涵養自己的心靈，才能通宇宙精神，超越無限。

田老師了解：人始終要踏上心靈之旅才能悟出生命的本源。音樂與書法也只是一條通往生命本源的一道門而已。

所以，我們是可透過意識的改變與看事情的角度不同，去明白自己是與宇宙根源有同樣的地位、同樣的力量，知道自己是不須將力量交給任何人，也不須外求的；這樣，我們便能找到自己的力量與信念，做回自己生命的主導者。誠願我們能活在光與愛之中，去創造自己美好的生命。

推薦序

散播音樂的種子

新湖國小校長 **李孟印**

與田老師相識結緣於新湖國小，剛開始對田老師的認識並不多，僅知道她是一位優秀的鋼琴家，指導過許多學生，也為學生辦過音樂成果發表會，在新湖國小已經服務20多年，對音樂教育富有熱情與使命感，是一位很專業的音樂老師。在一次偶然機會中聊到台灣音樂教育的演變發展，音樂課因為九年一貫課程的轉變成為藝術與人文領域的一部分，在學校教育中因為課程、師資整合不易的限制下，萌生出卡通音樂會的構想。因為田老師已經有了幾次成功的演出，在聽到她分享音樂會點滴時可以強烈感受到其發自內心深處與奮喜悅的心情。就是這樣的熱情感染了我，我提出了一項大膽的建議，有機會我們來辦一場新湖國小的卡通音樂會吧！

2016年4月1日，新湖國小為家庭親子舉辦的第一場卡通音樂會在田老師熱情投入下，演出非常成功，獲得觀眾極大的迴響。當天晚上活動中心坐滿了大大小小的觀眾，原本擔心孩子們會坐不住，鬧哄哄的情形完全沒出現，大家被逗趣的主持人DK吸引，驚豔於田老師精湛琴藝，觀眾們隨著耳熟能詳的卡通樂曲韻律擺動，晚會全場高潮迭起，我感受到音樂的種子已經在孩子的心中埋下歡樂的印記。

成功的音樂會需要具備很多條件，最關鍵的是核心理念要傳達的是什麼？小甜甜公益卡通音樂會透過卡通樂曲重新編曲，融入古典音樂與卡通元素，讓菁英式的音樂會成為通俗流行的兒童音樂會，這是個很棒的想法。特別是還能發揮公益精神，將卡通音樂會帶到台灣許多偏鄉角落，把散布各地的弱勢團體帶進音樂殿堂，這更是件了不起的點子。在付諸實踐的過程中，田老師因著個人信念的堅持，感動並吸引了許多貴人朋友的協助，在籌劃奔波的辛苦歷程裡，我看到了一個音樂人對傳遞音樂的努力執著。

感佩田老師對音樂教育的熱忱奉獻，正如同書中所說「音樂不該被鎖在教科書裡，應該回歸於生活與人生上」，祝福《夢想，從一個音符出發》能將音樂的種子散播在這個土地上的每個角落，讓我們的生活充滿幸福旋律。

推薦序

用音樂去關懷更多人

uStory 有故事執行長 **邱文通**

當了二十餘年國小音樂老師，田宜歆懂得孩子，於是她的音樂會，龍貓跳起了快樂頌、憤怒鳥走進波斯市場、頑皮豹搭上神鬼奇航……既創意連連，又能捉住孩子的心，讓孩子們透過學習音樂來表達情感、抒發情緒，並在潛移默化中培養審美觀、提升生活品質。

「用音樂去關懷更多人，讓沒辦法進音樂廳的孩子走進來聆聽。」田宜歆萌生了公益音樂會的想法，於是她開始奔走，不停訴說理念，尋找合作夥伴，向企業、社福團體尋求贊助，希望有足夠經費招待弱勢孩童進場觀賞，六年來，她辦了三十多場卡通音樂會，過程中歷經不少挫折和困難，但看到孩子滿足的臉龐，再多的辛苦都化為雲煙。

田宜歆的身體一直不是很好，但從去年起，她開始下鄉辦音樂會，希望五年內達到一百場的目標，她希望能結合大家的力量，傳播更多美好良善的音樂……田宜歆在音樂上的盡心耕耘，在文化上不輟努力，那股充滿愛心與追逐夢想的毅力，值得表彰，個人樂意為之推薦。

推薦序

卡通音樂會顧問 **陳於志**

看見台灣島上的音樂靈魂治療師

我很幸運認識田宜歆老師，一位純真、善良、慈愛、赤誠、童趣等等擁有多元性情的朋友，她是個音樂傳愛的至性人，對於兒童音樂教育的使命，讓她願意投入生命且無怨無悔的人，她是一位真性情的藝術家。

我更幸運能夠以讀者的身份，優先看到田宜歆老師充滿音樂聖靈般的生命故事，我非常喜樂也非常榮幸，為傳揚這本書的愛，為您表達我心中深深的感動。

從讀者的角度來說，一開始就讓描寫廻瀾的優雅文字與故事所吸引，一路讀來，就自然著迷於每一段好似不連續卻也連貫的成長小故事，從中讓人看到主人翁自小到如今的閱歷，是她對天命與使命的宣告，充滿了感性、感恩與感動故事，這一本是的人生閱歷的大書。

外表看似柔弱，生命卻無比堅強，好比是揉合著音樂藝術與生命能量無盡迴瀾一般，大概是從扮演灰姑娘時開始，「感覺到自己喜歡引起別人的注意，開始有表演的欲望。」六歲在風琴椅子上，用一根手指精準無誤的按出了《龍的傳人》主題曲前面的幾個音，也因而開啟了學琴之路，因此非常感謝她的母親。多令人感動，好美。

還有幾段情節，讓我印象十分深刻，就是她哭了，當她讀著貝多芬傳時，不明所以就是感動，貝多芬讓她看見了「一個人與音樂血肉相連、相互糾纏形成的生命共同體」。是音樂老師，更是鋼琴家，田宜歆老師的過去、現在及未來都與音樂無法分割，她注定將自己的身心靈，獻給音樂。這是我親眼所見的田老師。

母親的教誨：五元糖果事件，這一段讓我看到勇敢正義的田老師，認錯、悔改，何等不容易！她卻能在眾人面前或說認罪懺悔，回憶母親讓她一輩子記住的一段話：「做人啊，貴在光明磊落，實在真誠。如果你想要吃糖，你就要用正當的方法去取得，不要投機取巧。可以直接跟媽媽說，我想要吃糖，而不是自己去偷拿罐子裡的錢。」這是父母影響她一生的價值觀之一。

尤其是病房對話宣告天命那一段，更是令人動容，在面對焦慮和恐慌的自我對話與自我轉化，她提醒自己「放下很難，但我不能再覺得自己什麼都要做，什麼都要贏，必須要調整要放手。」「如果能夠活著，也許我可以用音樂做一些事吧。」她臥病在床的時間，醞釀出她創辦公益卡通音樂會的想法。何等讓人震撼的醒悟與實踐。

「我辦的音樂會就是想要傳達，音樂不是菁英式的，不是比賽和成績，它的最初與最後都應該回歸於生活與人生上。」因為，「我認為我們是辦公益音樂會，並不是以此來做為賺錢的工具，公益是最重要的。讓金錢的效益擴大，做了有意義的支出，我覺得是很難能可貴的。」她說在籌辦公益音樂會的過程中，她看見了很多需要幫助的弱勢家庭，讓她更加覺得，錢要用在有意義的地方，才會產生真正的效益和價值。她堅持「希望能辦一個有音樂教育理念的音樂會。」

她做到了，她持續讓她的卡通音樂會，給更多的孩子多能接觸到音樂。更傳遞她堅持的愛的勇氣、正義的力量、純真與善良的音樂教育理念。

她不但是因《小島上的靈魂治療師》這本書得到啟發，她對音樂的執着與全生命的投入，她必定也會是我們這美麗寶島的《靈魂治療師》。

推薦序

贊翔實業有限公司總經理&卡通音樂會總召　陳重典

音樂力量讓愛心走遍偏鄉

和田老師的相遇是在旭東扶輪社的一場說明會上，同為扶輪社的社友，一起參加聚會。曾和太太和其他社友目睹田老師因病身體不適，一起陪同至醫院處理病情。聽聞了田老師為公益舉辦了小甜甜卡通音樂會，因售票壓力身心頗受折磨，田老師患有焦慮神經失調，比起其他人，在公益這條路上走得更是艱辛。見此狀，基於社員立場，認為自己有立場協助、幫忙，當下決定捐助三萬元買下公益票，「後來弱勢團體的票也都是我和她買，我和田老師說：『你別這麼有壓力，我願意支援買票，讓你減輕一些金錢上的壓力。』」

除此之外，也協助田老師與新湖國小學校之間的溝通，讓校方知道田老師願意做社會公益的善心。「學校要認同你、支持你，做起事來才不會那麼有壓力。我有機會來協助，也是托機緣之福。」

2016年，小甜甜公益音樂會展開「音符下鄉・宜蘭啟程」的計畫，陳重典總召也跟著簡郁峰執行長和其他團隊同仁，到各個宜蘭學校探訪，竭盡所能提供協助。

「田老師說我是貴人，實在不敢當。」陳重典總召謙虛地說，公益是無國界的，也應是跨領域的。藉由音樂的力量讓愛心走遍各個地方，走入偏鄉，並且影響更多的人可以參與，公益是需要很多的人來共襄盛舉的，「我當然願意幫忙。」

公益音樂會是非常有意義的事，而宜蘭地方下鄉，是全新價值，透過音樂教育，來實現更高的教育目的、散播愛心。「感謝田老師的發起，我和我太太也一起給予她祝福。」

自序

田宜歆

人類的創意，對未來的希望，可從形而上的心靈投射在卡通的故事中。

當下的感性，是創作表達的基礎。無論是創作或感性，都是難以藉由語言表達。藉由鋼琴彈出來的音符，更比語言上能表達創作者樂曲的形而上意含。

卡通音樂的主題樂曲，大多都是表達人類從困難處境中追尋美好未來，所以音樂頻率的起伏，是載滿了勇氣和奮鬥的訊息。在特定環境設定下的音樂會廳中，空間充滿了奮鬥與勇氣的音符，從而透過共振而引發孩子心靈的共鳴，音樂，兒童心靈教育的另一明燈。

儘管工餘後辦公益音樂會是辛苦的，但要提升自己的意識和內在力量與自我成長，才能幫助別人；有善的意念、無私幫助人，其實是幫到自己，感覺溫暖與幸福。音樂會好像春天一樣，充滿生命成長的氣息。那隨時光飛逝的許多季節的音樂會，就是孩子們一步一步的跨上成長道路的印記。

facebook 粉專搜尋：小甜甜愛心公益卡通音樂會

Youtube 頻道搜尋：卡通音樂會

田宜歆

♪第一章♪

洄瀾跫音

噔噹！指尖收束。

嘩啦！海浪拍岸。

浪花與落在琴鍵上的最後一個音符一同，在用盡氣力的一彈一擊後，緩緩消退。

收起琴譜，十四歲的田宜歆直起因方才彈琴而略微向前弓的身體，稍稍轉頭，視線直直地落在房間的那扇窗。一扇窗就像畫框，框住了外頭的山明水秀，卻攔不住她的思緒與視線向外奔馳——青翠的山巒與蔚藍的海線在玻璃窗上切割出恰好的色塊，白雲一撲而上，隨著風移動身子，留下一抹抹白絮足跡，勾得人思緒更加飛騰，目光搭著山脈沿著河川，來到了與海相接處。這裡正搬演著山與河與海愛恨糾葛的萬年劇碼：洄瀾。

洄瀾，洄瀾，花蓮的舊稱，因溪水奔注與海浪衝擊形成迴縈巨浪而得名。是的，這裡是花蓮，依著中央、海岸山脈，傍太平洋，她出生長大的故鄉。

一打開窗，山就探頭與你問好，海在不遠處揮著手。在花蓮，山與海就像多年的老鄰居，一回身，永遠都在身旁。

「所以我養成了看山看海的習慣。」田宜歆在離鄉數年、定居新竹後，一想到家鄉花蓮仍不禁笑著説，「大自然教會了我什麼是寬闊的胸襟。」尤其是當心情煩悶的時候，她總會想像琴鍵是礁岸，雙手是海浪，指間彈奏出的旋律是海浪踏在山壁上的跫音，渺小的自我在此時此刻，藉著音樂與自然有了相互共鳴的語言，然後有了寬闊包容的溫柔。這樣想著想著，煩亂的情緒往往就能平復下來。

「宜歆啊，來吃麵啦！」母親的聲音從廚房傳來，她應了聲好便闔上琴蓋，關了燈，往充滿食物香味、暖烘烘的飯廳走去。

暗下來的房內平放著的琴譜隨著從窗吹進來的風，微微掀動頁角，一頁又一頁，直翻到最近她練習到的、留有壓痕的那面，一切一如往常。

就像那時候才十幾歲的她，還在煩惱下周的模擬考和術科該如何兼顧，還在想補習班轉角的那家豆花店，一步一步地，在音樂的路上努力學習著。仍未知道多年後，在自己的人生中也會旋起了幾道不小的洄瀾，帶給自己諸多美好的音樂，日後也能成為撫慰他人的力量。

一只皮箱到花蓮

「都說花蓮的土會黏人，我爸媽就是一只皮箱到花蓮就被黏住了。」

田宜歆的父親是新竹縣芎林人，因為工作的緣故與妻子一同來到了花蓮，就此被這片土地黏住，定居至今已有四十一年。未來被稱作「來自後山的音樂家」的田宜歆，就在這孕育出許多傑出藝術家和作家的土地的懷抱中，誕生、成長。

而在這片土地上，鯉魚潭的風光明媚一直是她無法忘懷的景色。在假日時與全家人到鯉魚潭出遊，河川襲奪形成的堰塞湖，像是周圍的山丘群齊伸出手，於掌心捧攢成的一汪明鏡，映出藍澄澄的天和白絨絨的雲，偶有天鵝船悠悠划行，泛起一道道水痕；或是在有一大片森林的環潭步道散心，感受屬於這片土地獨特的時間流逝的節奏。

花蓮的自然景致，深深地影響了田宜歆在音樂方面上的喜好，New Age、綠鋼琴等與大自然相關的音樂遂成為她喜愛演繹的曲風之一。

父親的影響

「所以老師在新湖國小任教多久了？」

「啊，今年是第十五年了，我當音樂老師已經二十年了。」

她當了二十年國小的音樂老師，但其實她的父親一開始是反對老師這個職業的。因為她的爺爺當時是校長，在那個年代這份工作是既辛苦、收入又不比現在的，再加上奶奶生了七個孩子，一份薪水要養九個人，「所以父親小時候的家境不是很好，蠻辛苦的。」

她的父親從小就認真向學，考上了新竹高中，每天都搭公車上下學。如果決定留下來晚自習讀書，公車的末班車都過了，就會步行回家，從新竹市走回竹東鎮芎林鄉，以致於鞋子走破了也沒有錢換雙新的；上學帶去的便當裡面常常就只有一顆蛋，而且也因為挨不住飢餓，又是個處在長身體階段的少年，常常在第二節課就把中午的便當吃完了。

在這樣有七個孩子、一份薪水要養九個人的家庭中長大，田宜歆的父親從小就深刻體悟到錢財管理的重要性，甚至當時還發誓自己以後絕對不當老師。在有了家庭有了女兒後，他就常告誡那時還是孩子的她這句話：「由奢入儉難，有儉入奢易。」讓她從小就建立了「錢要花在刀口上」的金錢觀。

後來在她的母親任職老師的時候，老師的待遇已有所改善，所以疼愛女兒、捨不得女兒吃苦的父親才同意了。

雖然在花蓮的工作是公務員，父親一直很希望可以試著自己創業，但是母親認為有家中三個孩子要養育，應該要安份守己，不要去冒險創業，所以父親就安份守己地當公務員當了一輩子。「父親是那種說到會去做到的人，但他最終為了我們放棄了自己的夢想，成就了我們的夢想。」說到自己的父親，田宜歆微微笑著，嘴角抿著的弧度卻總帶了那麼些掩不住的心疼。

母親的教誨：五元糖果事件

家中。

田宜歆的爸爸在寒暑假總會帶全家去旅遊，右邊是 4 年級的田宜歆。

小小的身影小幅度地顫抖著，淚水從頰邊不停滑落，一滴兩滴，沾濕了領口。九歲的她抽抽噎噎地站在母親面前，咬緊了唇。

「宜歆，來，跟媽媽說，你是不是自己從這裡面拿了錢？」母親指了指桌上的鐵罐，那是她的父母用來存零錢的罐子。

她點點頭，收在背後的手更加捏緊了掌中的糖果紙。

「為什麼想要拿錢呢？想吃糖果嗎？」這次沉默的時間更久了，她抬起頭，望向母親的眼睛，母親沒有笑，但目光是溫柔的。隔了一會兒，她小聲地、一五一十地說了，說因為她看到同學有糖果吃，看起來很開心，自己卻沒有，忍不住嘴饞的誘惑就從存錢罐裡偷拿了五元去買糖。在三十年前五元的幣額是很大的，幾乎相當於現在的五十元。

母親聽完她的理由後，說了一段讓她一輩子記住的話：「做人啊，貴在光明磊落，實在真誠。如果你想要吃糖，你就要用正當的方法去取得，不要投機取巧。可以直接跟媽媽說，我想要吃糖，而不是自己去偷拿罐子裡的錢。」

這件事影響了田宜歆的人生與價值觀，讓她了解——不管遇到任何人，不論他們的動機或是態度如何，都要保持真誠與善良的心。而同樣是當老師的母親往後也常常跟她說，教書是良心事業，能夠有機會和時間上課、教書，就要盡量將自己所學所會的全部教予孩子。

也因為是家中長女，父母在對田宜歆的要求和栽培上放了很多心力。她學過珠算、作文、長笛和後來本科的鋼琴。雖然從小就背負了很多期待，而她也足夠認真，但畢竟是人，那時年紀又小，總會有些心理戰勝不了生理狀況的時候，像是：

賴床。被窩是所有人魂牽夢縈的故鄉，她也不例外。所以，賴床然後遲到這件事，就成了她小時候的壞習慣。

田宜歆的媽媽，謝曼珠，是一位國小教師，在花蓮市信義國小服務了 28 年，是一位嚴師，也是位嚴母。

總是擔任喊她起床任務的母親，有一天就告訴她戰勝賴床的方法：「心鐘啊，心裡的時鐘勝過鬧鐘。有心鐘才是擁有了真正的鐘。」做事情的時候，有心是最重要的。凡是用心才能把重要的事情做好。有心鐘，才有實質的效率，得以管理好自己的人生。她從母親的「心鐘哲學」了解了這件事的重要性。

刻苦耐勞、撐起家庭的父親，與嚴謹又富有智慧的母親，讓田宜歆得以在學習音樂的道路上持續向前。

灰姑娘與龍的傳人

「我想當灰姑娘！」幼稚園內，放學的午後，家家酒遊戲時間，她舉起手，喊了每天都會說一次的話。

因為父母都是朝九晚五的公務員，白天忙碌，無暇照顧孩子，於是她從很小就開始上幼稚園的幼幼班。即使非常渴望父母的陪伴，卻也因年幼而不知道怎麼表達。所以放學時的家家酒遊戲中，她總想得到灰姑娘這個角色。

因為灰姑娘雖然在一開始不被關愛和重視，但她有可愛的小動物們陪伴，後來更有神仙教母的幫助、王子的傾心，灰姑娘總歸是主角。所以在還是個孩子的她的心中就有了一個認知：得到主角的角色，就可以獲得他人的注意跟同情。

「大概是從那時開始吧，感覺到自己喜歡引起別人的注意，開始有表演的欲望。」想起許久之前的回憶，田宜歆瞇起了眼，彷彿又看見了當年的小女孩踮起腳尖，模仿著試穿玻璃鞋的動作，那般純粹歡快的笑臉。

而這樣的歡笑在從幼稚園回到家後，仍然持續著：父母發現她五、六歲時就常常跑到電視機前面，隨著歌手唱的歌手舞足蹈，或隨著節目的音樂旋律跳舞，母親見了，心中開始有了想讓她學習音樂的雛形：「這個小孩對音樂的節奏感好像還不錯。」

在又一次見識到宜歆的表演欲後，母親就決定要栽培她學琴。那次是電視台在播放《龍的傳人》這部古裝劇，家裡也有在收看，六歲的她忽然就跑到家裡的風琴前，坐上椅子，用一根手指按出了《龍的傳人》主題曲前面的幾個音，精準無誤。

「或許宜歆有這樣的天份學鋼琴。」——小時候想學鋼琴但家境不好無從圓夢的母親發現了女兒的才能，就此下定決心，因而開啟了田宜歆的學琴之路。

為什麼家裡常吃麵

田宜歆跟她的兩個妹妹，在小時候最大的疑惑就是——「為什麼我們家這麼常吃麵？」

「去存錢罐裡拿點錢，幫媽媽買菜跟蛋回來，要加在晚餐的麵裡的！」

「好——！」起身，正要踏出房門時，最小的妹妹的聲音從背後傳來，「姊，你不覺得我們家很常吃麵嗎？幾乎餐餐都是。」

「對啊，雖然也很好吃，但是跟別人家比起來也太常吃了吧。」大妹在一旁點頭附和。

當下兩個妹妹滿臉疑惑地看向她，她也沒說什麼，聳聳肩表示我也不知道就乖乖地去執行母親交代的任務了。後來她才明白，父母在養育三個孩子的同時，又要負擔她學鋼琴的費用，家裡有些支出勢必能省則省，麵不僅便宜，而且煮一大鍋就可以解決一家子的一頓飯。因此家中會有餐餐幾乎是麵的情況也不難理解。

但是這樣節省的母親，卻在女兒要學琴的時候毫不手軟。

田宜歆從小學一年級開始學習彈鋼琴，她的母親深知「工欲善其事，必先利其器」的道理，既然要學琴，一開始就要打好基礎，於是就請了師大音樂系畢業的專業老師來教導。一般父母讓孩子學琴，多數都是先買個電子琴給孩子練習即可，往後如果有想繼續深造，那時再買鋼琴也不遲。但田宜歆的母親卻沒有這樣做。花了台幣四萬元，日本原裝進口的河合鋼琴就直接進駐家中。在三十三年前，台幣四萬的數字何其可觀。

「我很幸運也非常幸福，媽媽這樣捨得在我身上花錢，栽培我學音樂。」初次接受專業音樂教育的她，一開始就是在頂尖的師資和資源之下學習、成長，「真的，非常感謝我的母親。」

也因為受父母如此的價值觀影響，養成田宜歆總是會認真思考金錢的背後，什麼才是真正的價值，什麼才是有意義的消費行為。雖然在辦公益音樂會的時候，自己因此更加需要節省日常的開銷，儲蓄也花了至少上百萬，贊助方面也不是次次都能順利找到。同時，因為是公益活動，所以即便是邀演，酬勞也不會太多，能夠支付一點點車馬費跟演出費即可。

因為，「我認為我們是辦公益音樂會，並不是以此來做為賺錢的工具，公益是最重要的。讓金錢的效益擴大，做了有意義的支出，我覺得是很難能可貴的。」在籌辦公益音樂會的過程中，她看見了很多需要幫助的弱勢家庭，讓她更加覺得，錢要用在有意義的地方，才會產生真正的效益和價值。

三姊妹學琴

作為大姊的她開始學琴，兩個妹妹父母自然也不會偏愛，三姊妹每周都會輪流到鋼琴老師家學習。

說到她的兩個妹妹，她跟大妹差四歲，跟最小的妹妹差了六歲。大妹因為比較沒有音感，對音樂沒有太大的熱忱，學了幾個月連 DoReMi 都還是分不太清楚，所以毅然放棄，轉移到其他領域開發興趣去了；小妹雖然蠻有音樂天分，但因為指導老師很嚴格，如果沒有達到規定的要求會體罰，敲手指或是罰站，所以堅持了一段時間，在國中時也放棄了。

「三個姊妹中只有你是一直持續學琴的，妹妹因為害怕體罰放棄，那你呢？難道是比較不怕老師的體罰嗎？」

「嗯，我不怕啊。」她笑了笑，接著繼續說道，「因為我國小、國中都當了合唱團的伴奏，帶領合唱團的同學發聲，所以我有比較多時間可以練琴，不會怕老師可能會處罰我。」那時，她總在吃完午餐後，整個校園陷入午休的一片寧靜之際，獨自一人帶著琴譜走到音樂教室，進行短暫的鋼琴練習，一天又一天，穩扎穩打地累積實力。

而現在於花蓮就職國小英文老師的小妹，雖然在國中時停止了鋼琴的學習，依然很喜歡音樂。妹妹曾跟田宜歆說過，她自己去澳洲留學的那段時間，遇到低潮或是想念家人、家鄉的時候，就把小提琴從琴盒拿出來，架上脖肩，一拉奏，悠揚的琴音繚繞低吟，以自身為中心圓弧擴散出去，再細細密密地回返包圍。拉小提琴成為療癒自我的方式。藉由拉小提琴轉化低潮，透過音樂獲得心靈上的平靜，克服一人身處異鄉的孤寂。

總是支持田音歆學鋼琴的媽媽（謝曼珠）與大妹（田宜巧）、二妹（田定佳）的合照。

藉由音樂，人們可以抒發無法用言語、文字等媒介表達的情感和情緒。每個人在獲得生命的那一刻，蜷臥於溫暖母體之內，自我與外在世界的第一次交鋒所感知到的正是：

聲音。來自母親沉穩厚實的心跳聲，咚咚咚，捎來安心的暗號，與自己小小的心臟共鳴著；隔著羊水的波動，朦朧混沌的外在世界的聲音，咕嚕咕嚕咕嚕嚕，是什麼？是誰？於是小小的你伸出了手——

然後你來到這世上，以哭聲向世界報到，並且隨著年歲增長，耳內資料庫建構的音檔也越來越多，你開始分類它們：什麼是喜歡的，什麼是噪音，什麼是聽了就流淚的，什麼是令人精神振奮的，或者是更貼近人生的聽覺記憶：剛學會吹直笛時還帶有分岔漏風的笛音、贏了比賽和夥伴相擁的歡呼聲、騎車時在耳邊囂張呼嘯的風聲、夜闌人靜時在窗外陪伴你趕工的夜鶯啼叫……你以從外在世界學來的價值觀，定義屬於自己的音樂資料夾，也讓這些音符紀錄自己的人生。

接著，令人覺得又快又慢、號稱人生中最大矛盾的時間會推著所有人，走到了這一刻。臥於床榻之上，靈魂即將還諸天地之際，五感只剩聽覺仍在作用，聽到的，首先是自己異常清晰、好似被放大的一呼一吸，然後是身旁親人模糊而溫柔的喃喃，

三位田家姐妹花（左起：田宜歆、田定佳、田宜巧）姐妹情深。

或許還能分辨出每個人不同的音色。然後最終，慢慢地，所有的聲音都消失了。

在五感之中，第一個迎接你，也是最後一個與你告別的是，聽覺。

「音樂的力量是強大而貼近心靈的。」田宜歆談到音樂時，神采奕奕，眸中似有星光流轉，只因音樂是她另一個生命。出生與逝去，生命的起和終，就像搭車。有人上車，這是他的出發。之後那人在另一站下車，這是他的終點，卻同時也是他接下來的旅程的出發，生命亦是如此。所以出發和抵達可以構成一圓，生命就是一個大圓，含納許許多多的小圓。而在這輛車上播放的音樂是這趟旅程的旅伴之一，由自己挑選。音樂如同一個巨大寬闊的括號，兩手臂一張，溫柔地「括號」一起出生與逝去，擁抱這些大大小小的圓。

田家三姐妹（中間是田宜歆，右邊是大妹田宜巧，左邊是小妹田定佳）。

在這趟音樂的旅程上，妹妹，是田宜歆不可或缺的知己。她說，小妹現在有時候會自己用鋼琴或小提琴創作音樂，錄下來的音檔，都會興致勃勃地跟她分享和討論。同時，也因為後悔當初中途放棄學鋼琴、放棄可能成為音樂老師的機會，所以小妹一直以來都非常支持大姊在音樂上的努力與付出。

音樂的道路不好走，要把音樂當飯吃是一件不簡單的事。但田宜歆因著家人的支持，得以無畏地繼續堅持自己的理想。

貝多芬傳，收編！

那篇登上國語日報的文章，是她和貝多芬相遇的契機。

小學二年級時，母親知道她愛上了閱讀，為了鼓勵她多閱讀、多寫文章，答允了她獎勵規則：只要她有一篇文章登上國語日報，就會買一套故事書或偉人傳記給她。

於是她更加認真的書寫，努力地學習如何用文字述說自己的所思所感，一筆一畫，一捺一撇，筆尖的鋼珠在紙上傾軋出她追求知識的渴望。終於有一天，她的文章被刊登在國語日報上了！

興奮地拿著報紙，指著上面自己的名字向母親展示：「媽媽你看！我的作文被登出來了！」那是第一次，得到的第一套書是音樂家傳記，讀的第一本就是貝多芬傳。

「一打開書本，好像就掉進了那個世界裡。」用生命熱愛音樂的人們達成了某種默契，共同用音樂打造出一把唯有他們才能使用的鑰匙，足以通往任何有音樂存在的時空，並以音樂作為語言，傳承他們共有的印記。而且這種傳承在時間上是單向道的，像《神隱少女》裡，千尋與無臉男搭上的海上火車中，無面貌無明顯樣態，只有一團混濁似墨的生物，仿佛身處這個空間卻又離得極遠而得以保持一定的冷靜。拿著鑰匙而來的觀眾就是那一團團的影子生物，在每一次熟悉的、自己曾經練習過的旋律中，觀看那些音樂家的喜怒哀樂，在眼前赤裸裸地上演。

九歲的田宜歆也看見了。她看見才四歲就顯現音樂天賦的貝多芬，小小的身子坐上鋼琴椅，手指在與他相比顯得巨大的黑白琴鍵中飛舞，貝多芬那自私貪婪的父親站在一旁，若他稍有彈錯就是一頓打罵；她看見在好老師們的指導下獲得真正的音樂啟蒙的貝多芬，露出了開心的笑臉，在信上提筆寫下他對其中一位老師奈弗的感激：「如果我有所成就，這一定是您的功勞。」；她看見身為長子的貝多芬一肩挑起家庭經濟的同時，為了兼顧理想與溫飽，孜孜不倦地埋首羊皮紙堆中，完成一首驚豔眾人的作品時的欣慰微笑；她看見他在遭遇失聰的重大打擊時，頹然失力的手指在琴鍵上摔落的憤怒無助；她看見貝多芬即便耳聾也不放棄繼續創作——音樂與一種對世人模糊的使命感，一直是他在遭遇命運的重拳而苟延殘喘之際，得以緊緊抓住的繩索；她看見窗外雷雨交加，彌留狀態的貝多芬忽地向空中伸出右拳，面帶怒氣，然後像是用盡了一生的力氣，身子跌回床鋪，心臟停止了跳動。

於是，「我哭了。」她哭了，她說當時讀著讀著就流下了眼淚，有些懵懵懂懂、不明所以，只覺得感動，現在大概知道了。或許是因為同樣愛著音樂的美好，所以能夠理解，當自己所珍愛甚至是依憑其而活的事物，被一點一點剝奪的痛苦與恐慌吧。貝多芬，讓她看見了，當一個人與音樂血肉相連、相互糾纏形成的生命共同體，在一輩子的時間中用盡力氣掙扎翻滾，透迤出的痕跡是那樣，因著不完滿所以真實動人的美。

不認輸的賽跑

風從耳稍急速掠過，刮得耳膜沙沙作響，彷彿身體是一把利刃將空氣狠狠剖開，氣流向身側兩邊遁逃。心臟急遽跳動，呼吸逐漸紊亂，好喘，好喘，好喘，好難呼吸——

停下來吧，在這裡停下，她望向前方只有幾步之遙、同樣在奔跑的背影，眨了眨汗涔涔的眼。明知道可以停下，停下來就不會這麼痛苦了，腳卻像有了自己的意識般持續向前邁步。越來越近，眼前背影翻飛的衣角在叫囂，像是酵素，激得她勝負欲大起，用盡全身力氣衝刺，幾近缺氧的瞬間，踩上了開跑前說好的終點線。

小學五、六年級，田宜歆因為個子高，手長腳長，和不服輸的個性，每次跟附近鄰居的孩子相約玩耍，如果要比賽跑，總是跑贏那些男生。「覺得自己從賽跑當中得到了永不放棄與不認輸的意志力。」賽跑，跑步，活蹦蹦的童年，帶給她的除了快樂、態度之外，還有體力。「其實彈琴是很費力的，需要控制力道與呼吸，每次音樂會整場下來，在有空調的廳內我都還是會微微出汗。」

鋼琴的彈奏看似優雅，卻絲毫不輕鬆，那些優雅都是苦練得來的成果。除了兩雙手、十隻手指的配合要協調，也要注意指尖的力道要重還是輕？觸鍵方式如何改變才能恰當地表現不同音樂性質的聲音？腳幾時要踩踏板？身體如何自然地感受並呈現音樂旋律的起伏？在在都是需要耗費心神和體力的。

彈琴，關乎技術性與音樂性，有良好的演奏系統就可兼顧兩者，在技巧進步的同時，反應也不會退化。「學藝術就應該要自我超越跟自我突破。不論到幾歲都希望自己在琴藝上或是音樂的認知和內涵上，有所成長。」無法停止學習，想要繼續成長，一如當年那個，與同伴賽跑總大汗淋漓、努力跑在前頭的女孩。

音樂教室內快樂的歌聲

巨人有座美麗的花園，孩子們在裡頭嬉笑玩耍，和鳥兒一起歌唱。但是被自私的巨人發現了，他趕走了孩子們，築起高高的圍牆，掛上禁止進入的牌子。於是從那天起，春天再也不曾到訪這座花園，孩子也失去歡樂的笑聲。望著曾經美麗的花園如今只剩冰霜與碎石枯枝，巨人也非常難過。直到有一天，他久違地聽到了孩子們的聲音，激動地衝出門一看——孩子們回來了！雪融了！花開了！春天來了！巨人終於明白，之前春天為何會消失得無影無蹤的原因……

這是奧斯卡．王爾德的作品《自私的巨人》，而此時明義國小的合唱教室裡，也有一座美麗的花園。

坐在風琴前一邊彈奏一邊高聲唱歌帶動全班學生的，是田宜歆從小到大一直敬佩著的廖老師。

廖老師是她國小的音樂課及合唱團的指導老師。總是朝氣蓬勃地和學生一起唱歌，聲音宏亮，滿臉笑容，同時鼓勵著孩子們要快樂自信地唱出聲音來。「老師總是很有精神，看起來一直都比實際年齡年輕個十幾歲，而且教我們的時候，永遠都是自己彈而不是放CD。」想起廖老師，當年全班同學一起在教室內齊聲唱歌，快樂的笑容、快樂的歌聲，仍歷歷在目、琅琅於耳畔，就像在美麗的花園裡玩耍。

「當音樂老師好有活力喔！唱歌也很好聽，也許我以後也可以當個讓學生感受到音樂是多麼快樂的老師。」所有的學生都喜愛這堂歡樂的音樂課，每次上課前都期待著，她也不例外。

在四年級時，班上要選兩位同學進合唱團，她在音樂課堂上感受到歌唱的魅力，於是非常認真地開口大聲唱，希望能夠成為合唱團的其中一員。不久後就被老師欽點了：「你要不要進合唱團？」開始了她的合唱團生涯的第一步。而這些被選到的學生，在升上五年級時組成了一個合唱班。田宜歆因為音準好，老師讓她唱難度較高的第二聲部，自此她一直都是負責第二聲部的成員。

在合唱的旋律當中，田宜歆得以釋放平日積壓的所有的情緒和情感，在歌唱和琴聲當中她可以找到快樂與感動。從那時起，她就開始有了長大想成為音樂老師的夢想。透過音樂或是其他美好的事物，希望每個孩子都能在美麗的花園裡綻放笑靨、大聲歌唱，她期許自己能成為溫柔的巨人，守護著花園，陪伴著學生。

迴盪鐘聲的淚水——蕭邦第四號敘事曲〈鐘〉

十一到十三歲的孩子，進入橫衝直撞的青春期，大多聽著當時的流行歌曲，以此作為同儕交流的基點，以及自我與社會共同價值差異的初探，開始定義自己，開始尋

第一次參加楊琤茹老師的師生鋼琴演奏會的田宜歆（國小五年級）。

找能說出自己生命形狀的音樂，而田宜歆找到的是，古典樂。

沒有非常喜歡流行歌的她，睡前總會聽古典音樂的卡帶，最喜歡的是蕭邦的敘事曲，尤其是第四號敘事曲。

「敘事曲」，顧名思義，「用音符敘述一個故事」，原本只被使用在文學方面，蕭邦是第一個將「敍事」這個名詞當作樂曲名稱的人。當時他受到波蘭詩人米其耶維茲的敍事詩影響，以不受傳統曲式限制的方式，創作出四首敍事曲。幾乎沒有曲式的限制、不受拘束的想像空間，正是他的敍事曲最特別的地方，再加上他的作品總是充滿著文學氣息，和濃烈的情感，所以被後世稱作「鋼琴詩人」。

蕭邦這四首敍事曲的序章，就像睡前故事的開頭：「很久很久以前，有這麼一件事情……」古老的聲音娓娓道來百年前的事件，每一個音符和樂句各司其職，站到它們所屬的角色上，說起話來。敍事曲，儼然成為田宜歆的睡前故事。她還記得第一次聽蕭邦的第四號敍事曲，一切就跟往常一樣，打開盒蓋裝入卡帶再闔上，按下播放鍵，卡帶的兩個軸輪開始旋轉，像一對正在運駛的車輪，發出細小的聲響，喀，喀噠，喀噠……

喀噠！身下的顛簸忽地增大，他睜開雙眼，眼前是樹蔭與陽光交織的道路，遠處是他的愛人喬治．桑與她的孩子們邊走邊嬉鬧的身影，身下的馬車車輪仍持續轉動著，一切的事物被籠罩在柔亮的陽光裡，顯得不太真實。揉了揉惺忪睡眼，他試圖讓自己清醒，是了，我跟她，望了前方一眼，正要和她的孩子一起到她的家鄉生活，為了養我的病。所以我現在才會在待這晃得厲害的馬車上。意識歸位後，雜亂的情緒就突然活了過來，因為長年生病羸弱的身體，他無法與前方的「他的家人們」攜手同行，虧自己還是個處在應要是如日中天的年紀、三十幾歲的男人！

咳！咳咳咳！一激動起來，病症就不安份地躁動起來，一再證明他方才所想的事實就是如此蒼白無力。人在虛弱時，負面情緒就排山倒海而來，他想起了十年前父親的面孔，當時祖國波蘭內亂，俄國入侵，即使他有屬於青年的滿腔熱血和義憤，但父親仍堅持要把自己送去法國巴黎。而如今十年時光已過，卻仍不知何時才能再次踏上祖國的土地？那養育自己的波蘭，承載許多念想的故鄉，至今都只能依存腦海內的記憶來一遍遍覆誦，來遮掩他覺得自己是棄子的疼痛。

馬車持續向前，穿過葉蔭的碎陽間歇灑在身上，毫無熱度，所有悲傷疼痛不知不覺排了隊伍，接續向他勒贖：他想到仍在戰火中煎熬的祖國；想到剛來巴黎的前幾年受盡嘲辱，勢利的出版商朝他高聲怒吼的嘴臉，和他在八歲時就在自己的鋼琴音樂會上遇見的人如出一轍；想到這幾年恩師與好友相繼去世，生離死別的哀痛；想到現下自己的病弱，對應前幾件的憂傷又是多麼無用，不得不陷入了沉思。

此時，不遠處傳來教堂的鐘響，一聲又一聲，不停反覆。他幾乎是反射性地立刻低下頭，顫抖地合上雙手，喃喃默禱。鐘聲響得異常大聲，幾近撞上了耳膜，嗡嗡作響，其中似乎聽見有人的聲音，和著鐘聲呼告著。他努力地想要聽清，是誰？在說什麼？隨著車的移動，那人的聲音越加清晰，鐘聲也越來越響、越來越大聲，然後——

卡帶停了。一切復歸原位，她從半夢半醒的狀態回神，擦了擦臉上的淚痕，將寫有蕭邦的第四號敍事曲的卡帶從機器取出，小心地放回架上。

「從十二歲開始，每次都是聽到眼淚直流，很感動地睡著，甚至開始真正地思考說要當一位鋼琴家。」蕭邦的第四號敍事曲讓田宜歆深有共鳴。創作者與聽眾藉由作品進行對話，交流後的結果反饋回本身，成為作品的一部分。先前那些畫面裡的「他」，是蕭邦的人生閱歷，亦是田宜歆的夢；是她過往讀了蕭邦的生平傳記形成的認知，也是蕭邦執筆作曲時灌注在這首樂曲中的創作力。所有的意識統合揉成的音樂面貌。

「樂曲中有類似教堂鐘聲的感覺，讓我想到生離死別。蕭邦熱愛他的祖國波蘭，但因為波蘭內戰所以只能一直住在巴黎，關心著自己的國家。所以能在這首敍事曲當中，可以感受到他渴望重回祖國懷抱卻一直無法實現的哀傷，心痛祖國被其他國家占領。反覆的鐘聲就像在為他的國家默禱。」像在介紹陪伴自己成長的多年老友那般，田宜歆認真且專注地説著。

波蘭作曲家蕭邦，浪漫樂派最具代表性的音樂家之一。剛來到巴黎時，尚未成就在身上的錢財都快用完之際，他在一場沙龍中結識了羅斯吉德男爵家族，他們為蕭邦解決了他的生計問題。而蕭邦在受到接濟之後，也漸漸在巴黎闖出了名號。為了感謝這家人當年的幫助，蕭邦把他的「第四號敍事曲」，獻給了男爵夫人夏綠蒂。

不論是音樂老師，還是鋼琴家，田宜歆知道自己的未來與音樂已無法分割，注定將自己的身心靈，獻給音樂。

♪第二章♪

鐵道往返

忙碌的學業，同時兼顧鋼琴、長笛、樂理的術科，就如同每個周末搭上的那輛火車，兩邊跑，兩頭燒。

第一次的比賽——從自我到他者

在母親和老師的鼓勵下，田宜歆在國二的時候，參加了人生中第一次的花蓮縣全縣鋼琴比賽。

「那次是第一次參加這種比較正式的大比賽，之前都只有參加過演奏會或是比較小型的比賽。」彈奏的曲目是李斯特的《超技練習曲》中的〈森林的絮語〉，「因為《超技練習曲》當中有好多首都是不容易彈好的，我大概花了八個月來準備吧。」首次挑戰的縣級比賽，緊張忐忑，彈起琴來指尖都控制不住顫抖。她的老師告訴她，沒有關係，我們志在參加，為的是培養上台的勇氣和膽量。

那次比賽田宜歆得到了國中組的優等獎，讓她越發確定之後研讀音樂領域的念頭。老師的建議也增加了她的信心：「也許宜歆可以念音樂。」後來，即使到了課業壓力加重的國三，也仍然持續著鋼琴的練習。

「但其實我那時候對比賽有點排斥。」談到對比賽的感受，田宜歆話鋒一轉，說起自己小時候不知為何就對比賽產生莫名的抗拒。而現在，多年來以各種角色參與鋼琴比賽的自身經驗，讓她逐漸可以理解當年內心隱約的困惑從何而來。

「因為那時候我就覺得，一直以來我練琴的初衷和動力就是為了要抒發我的情感，表達我的情緒，但比賽的情況是不同的，心境是不一樣的。比賽的台下有評審，此時彈奏的這個音樂是要被比較的。」

「應該這樣講，用很正向的心去面對這個比賽，當然是很好的。承受期待和目光的心態調適，到如何獨自處理一首完整樂曲的上台經驗，都是很棒的學習。但是，基本上，它就是一個殘酷的比賽。你說你不會去在乎輸贏的話，我覺得不太可能，就算多麼正向地去面對它，最終本質上你還是要用音樂去把對手擊敗。」

「我覺得，音樂最主要的目的並不是展技，展技只是其次而已，最重要的是，你要能透過音樂去分享什麼東西。」

「譬如說，你想分享你的快樂你的憂傷，或是創意，我覺得音樂是可以做這些東西的。因為音樂可以做跨界嘛，可以有無限的變化。就像三月二十八號這一場音樂會，我們讓絲竹樂融合古典樂跟卡通，湯瑪士小火車融合聖桑的樂曲。」

「不是只單一展現個人的某些技巧，我們當然要把音樂家作曲家作這首曲子的精神彈出來。但是也許這個作曲家在彈他這個曲子時，他只是想抒發他的情緒或想要表達的理念。可是你把音樂只是當作個比賽之後，就會失焦了。大家只會關注彈得好不好聽，聲音好不好聽，技巧好不好，當然這也是非常重要，但這樣聚焦都只會在表層的自我之上，音樂家的初衷、自己的情感，反而就不見了。」

「這樣的音樂比賽的視野是狹隘的，因為它沒有辦法去分享。台灣目前音樂教育的現況，往往是讓學音樂的孩子的視野越來越窄而已，尤其是古典樂。只是很自我地關在琴房裡面練琴，然後去參加各種不同的比賽，磨練的只是自我的舞台經驗。雖然是沒有錯，但這樣音樂對他而言就只是一種競爭，是一種比較。所以自然而然學音樂的人通常都不會做公益。因為第一個學音樂要花很多錢；第二個從小開始就是在比較和競爭。我覺得這樣的教育態度是不對的。」

「音樂是一種分享，不是只是拿來較量的工具。就像我喜歡蕭邦，小學三年級開始聽蕭邦敍事曲，伴我入眠，能讓我平靜下來，因為太喜歡了，最後聽卡帶聽到卡帶壞掉。對我來說，音樂已經成為一種生活了。而且，我想當初作曲家寫下這首曲子時，他的目的也並不一定是想讓未來的人們為了他的作品而去比賽吧！」

身為音樂教育的一分子，看見本該是給予人表達情感、寄託精神的音樂，卻變成了錮鎖興趣發展的鐐銬，惡化親子關係的導火線，田宜歆把心歷路程攤開，一句一句認真地說著。

轉角的豆花店

琴音方落，前一秒還坐在沙發上安靜聆聽的人立刻跳起來，拍著手：「你彈得真是太好聽了！真的很佩服你們這些彈琴很厲害的人啊！」語畢，還伸出手指在琴鍵上點了點，點出一串不成調的音。她笑著回答：「還好啦，我才佩服你很會畫畫呢！」假日的午後，琴房，陽光從玻璃窗照進灑出一片光亮，兩個女孩倚在鋼琴旁聊天，笑聲不斷。

蔡秋滿，是田宜歆就讀國風國中時最好的朋友。家裡是賣魚貨的，兩家住的近，常常一起玩耍。「我會欣賞她的畫作，她會來我家聽我彈鋼琴。」不只是閒暇時間，學習上也相互作伴。「因為兩個人的數學成績都不太好，所以常常結伴一起去同個補習班補數學。」

「但因為我們兩個都比較沒有時間觀，很多事又有點隨性，所以去補習班常常遲到。」

「遲到？」

「嗯，就是我們每次騎著腳踏車要去補習班的時候」想起學生時期的回憶，田宜歆忍不住笑了出來，「騎到一半就會覺得又要上數學課了好無聊啊，兩個人開始邊騎邊哀嚎。這時候我們就會在快到教室時自動轉向，先去吃一碗豆花。」

那時，肩上沉甸甸的書包，在校服上壓出了深深的皺痕，像溝壑，耗費人大半的時間在其中攀爬。兩個女孩背起書包、騎著腳踏車朝補習班的方向前進。一路上嬉嬉鬧鬧，感受風像是為人設計頭髮般撩得髮絲紛飛的力道，或是偶一抬頭看看前方的天，花蓮的天總是藍得不可思議，她空出一隻手調整書包的背帶，明明天氣正好卻覺得有點喘不過氣。

「欸，我們今天也去吃豆花好不好？好想吃豆花喔。」也不記得每次是誰忽然就提出了這麼一句，但總歸一定有一個人負責說。「好啊好啊！走吧！」然後就像往常一樣欣然同意，達成共識，原先騎得有點慢的速度忽然間就加快許多，帶著點隱隱浮動的雀躍，在她們都熟悉的轉角，俐落一轉龍頭，抵達再也熟悉不過的豆花店。放下書包，頓時覺得身體輕盈不少的兩人向老闆點了兩碗豆花，邊等邊聊。夏天時冰冰涼涼，冬天熱騰騰的一碗豆花，成為補習前彼此共同的小秘密。

「因為常常這樣先去吃一碗豆花，再回去補習，所以每次補習班老師都會打電話到家裡問說，怎麼田宜歆又遲到了？」說起小時候的頑皮，雖然對父母有些不好意思，但這樣小小的放鬆時間對她來說是無比珍貴的。隨興而作，率性而為，才不至於落得用力生活卻忘了用心感受的桎梏中。

出發！北上求師的音樂旅途

考上花蓮女中後，鋼琴的學習仍舊不間斷地持續著。到了高二的時候，原本指導她的鋼琴老師就對她說，之前跟她的爸媽討論過了，他們和老師都非常支持她大學去考音樂系，但因為花蓮沒什麼相關的師資，所以建議她可以去台北找音樂系的教授教導。自此開始了她每周六坐約四個小時的火車北上到台北求師的旅程。

那時星期六上午還要上半天課，一到中午放學她就直接去搭火車，到台北之後就先去火車站附近學長笛，再搭公車到大安的信維市場，去找鋼琴老師上七點的課。上完鋼琴以後，回到長安東路的親戚家過一夜。隔天周日再到三重學樂理，最後再搭火車回花蓮。

這樣宛如需要一本旅遊手冊規畫路線的通勤旅程，從高二到高三，花蓮到台北，往返了兩年。「只有第一次有爸爸帶我去，告訴我要記住路線，之後都是我自己一個人去上課，不知不覺讓我學會了獨立和勇敢。」她還記得第一次，跟在父親身後，像是玩闖關遊戲一樣，在與花蓮截然不同的城市裡穿梭，一關一關破關斬將。然後父親對她說，之後就要自己一個人來了，好好記住今天走過的路，小心安全。

於是一次、兩次，慢慢地，她也逐漸習慣周六正午時出發，周日晚上歸家的模式，逐漸習慣在火車上，花蓮到台北、台北到花蓮的景物變化，像是色彩漸層的畫布；或是坐在火車和公車裡，觀看外頭街道在不同天氣裡多變的樣貌，像是日記。天氣晴朗的日子，光線充足色調飽和，凝看車窗外的景色逐漸被撕刷成斑斕色塊；或是在雨煙朦朧的日子，觀看雨珠像是某種生命體，在急速行駛中的車窗上爬過，手指跟著雨水流下的軌跡比畫。

孑然一人搭乘大眾交通工具時，縱使身旁人們來來去去、市聲鼎沸，往角落一坐，總是能創闢一個獨處的空間，讓思緒發酵。這是夾在忙碌的一周中，完全屬於她的靜謐沉澱的時刻，即便步伐匆匆。

北上求學讓田宜歆在音樂領域快速成長，也讓她學會獨處，但也因為如此，高中成績沒有國中好。「有失才有得嘛。」因為是夢想，必然需要付出，所以不後悔。

那些獨自與鋼琴對話的時間

說沒有想過放棄學音樂是騙人的。

升上國中、高中，學業壓力逐漸加重，在當時的聯考制度下，又是身在校內所謂的升學班，生活彷彿被參考書、預習複習進度、模擬考追趕，全校學生都被一種無形力量牽引著，不論這股力量是來自自己渴求的目標的吸引、家庭給予的期待，或是對社會價值的妥協，甚至是簡單明瞭的，就是怕成績公布時會被體罰。現階段認真讀書是一定的，而她所喜愛的音樂課等其他不是聯考科目範圍的課，被借去上課或考試也是常有的事。

雖然田宜歆很清楚，要拿到通往夢想的門票，付出努力是必然的。但有時候想到自己「要練琴，又要練副修的長笛，還要面對聯考的壓力」，常常就覺得喘不過氣來，壓力很大。於是，午休和晚自習的時段就成為了她重要無比的充電時間。

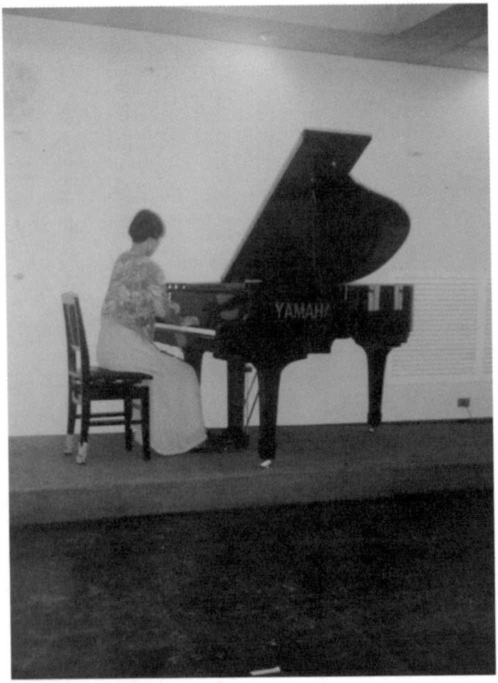

高中時參加鋼琴比賽的田宜歆。

「我那時最開心的時候就是中午去練合唱，在做發聲練習時可以練琴。寧可中午不睡覺，利用合唱團的時間摸摸鋼琴。」除了利用合唱團練習的前十分鐘去練手指，田宜歆也會在高中放學吃完飯之後晚自習的時間，去琴房報到。音樂老師知道她要準備考音樂系，特別開放音樂教室的鋼琴給她練習。從七點開始一直到九點再回來繼續晚自習，然後念書念到十點半再自己騎腳踏車回家。

大部分的人在國三或高三時，就會因為之後生涯規劃的選擇等原因，放棄深造鋼琴的機會，所以到高三時會額外挪出時間練琴的人就更少了，可以說全校幾乎只有她一個。也因此，她常常在學校的團體生活當中，有一段時間是抽離團體、獨自一人面對鋼琴的。

那是她與鋼琴對話的時間。

走進琴房，坐下，椅子調整到舒適的角度後抬手掀開琴蓋，裡頭黑白相間的琴鍵鋪開，泛著隱約光澤，像珍藏在匣中的玉石。她捧著琴譜，細細地讀起來——五線譜與音符構成文法系統，從作曲者執筆，筆尖水墨觸到紙面染出弧度那刻開始，拉造出一個世界，高音譜記號、低音譜記號，她在其中穿梭，跟著起伏的音符們爬階，遇見休止符停下腳步，好確認自己呼吸的節奏。

「跟學生時期不同，我現在很難做到每天都固定一個時間練琴，但我有兩個習慣一直以來都沒有變。」

「我在練習前會先讀譜，把琴譜當作一本書讀，把要注意的段落先看一遍。譬如說彈到這裡時要記得翻譜，或是拿莫札特的變奏曲舉例，我要從第一段接到第三段，要先思考好怎麼彈，先理解作曲家的編曲。」

確認完後，把琴譜放好，雙手輕跳上了琴鍵，掌心拱起，指尖微微收攏，像兩蓄勢待發、等待跳躍的脫兔。她開始慢慢地彈，用最慢的速度，慢慢地用指尖用身體去記住每一個音，同時想好下一個音手要落在哪裡，讓各個運轉中的齒輪一一扣合：樂曲本身的、自己腦袋裡頭的、鋼琴裡面的。然後是把三者相接連起來的。

「另一個習慣是，我會放慢練。在練琴一開始的時候，每一首曲子我都會先用最慢的速度彈。在放慢當中可以讓我去思考，像是我這段是不是真的要這樣彈，或是讓我的手指在接觸琴鍵之前，先想好接下來應該要怎麼彈。這樣練個好幾遍之後，我才會照原來的速度繼續練習。」

齒輪扣合、運轉已達順暢熟悉後，她就恢復到樂曲本來的速度彈奏。樂曲、鋼琴、自己，此時為一。旋律的流瀉從腦內到指尖，到琴鍵，到空氣，最後回到耳膜與心底。

「彈到很熟的時候，心裡自然就會有音樂的旋律出現。」

「會一邊彈琴一邊在內心跟著一起唱，那時候腦海裡也會浮現出畫面。通常音樂的記憶性是大過於畫面的，像一部電影你忘記了但是一聽到旋律的時候你會想起那個畫面，而畫面可以輔助音樂。我之前在彈憤怒鳥的時候，就很自然而然地在心裡跟著彈奏的旋律唱，就會感覺到四周有很多憤怒鳥飛來飛去。因為在彈奏的時候是整個人是非常專注的。」

我不想去上課

「我不想去上課。」

「你說什麼？」

「這禮拜的課，我不想去了。」

一直以來，壓力的積累她都會依靠練琴或其他方法排解，但是人的容忍度畢竟不是黑洞，當累積速度大於消解速度時，警戒值達到一定程度，終究還是會爆發出來。

事發在高三上學期的某一天，原本周末要跟往常一樣北上學琴，可是因為下周就要模擬考了，「當時覺得課業壓力很大啊，進度擺在那，又想到中午要去台北上課兼顧術科，一時就覺得舟車勞頓的日子實在太累了，所以很想請假。」但父親知道她這件事後就大發雷霆：「你怎麼可以這樣臨時請假！」，把她狠狠罵了一頓。

因為父親向來認為約定好的事情就要去完成，要言行合一，他不能接受女兒這樣臨時因為情緒而請假。那時處於叛逆期又情緒緊繃的她，一聽到父親強硬的回答，滿腹的委屈和不被諒解的疲累，一時就激動得脫口說出：「那你打死我好了！我就是不要去上課！」父親聽了，勃然大怒，當場就把椅子摔過去，踢了一腳。家中氣氛從冰點一路飆升到最熱，母親見狀趕緊將她推到家中廁所裡，避免她遭受父親訓斥的皮肉之苦。

後來田宜歆才知道，原來父母親為了要讓她北上學藝，省吃儉用，因為那時候她一個星期的學費是一萬元台幣，一個月要四萬元台幣。當年少不經事的自己與家人之間的摩擦，其間的情緒早已消散，剩下的僅是對那段辛苦卻幸福的生活的銘記，和滿滿的感謝。

「在我當了母親後才深刻明白父母親的偉大與辛勞，所以我非常感恩我的父母親這樣支持我。」

田宜歆的爸爸（田壤），是個充滿運動細胞的公務員。

特別收錄：卡通裡的音樂教育（一）愛的勇氣

音樂教育可視為是種情感教育，幫助學生與孩子更認真致力於音樂情感的表達，因為學習音樂，可用來傳達一些無法以語言和文字表達出的感受。

音樂教育的目標是幫助學生與孩子了解並體驗音樂，讓音樂來建構內心所需要的情緒與感受，所以讓所有的孩子多接觸音樂是重要的，才能觸動與引發。

卡通音樂的主題樂曲，大多都是表達人類從困難的處境中追尋美好的未來。所以音樂的頻率起伏，是載滿了勇氣和奮鬥的訊息。在特定環境設定下的音樂廳內，空間充滿了勇氣與奮鬥的音符，從而透過共振引發孩子心靈的共鳴。音樂，是間接教育兒童心靈的另一盞明燈。

孩子們對於人與自然的愛，總是簡單直接而勇敢的，是這世界上最強大的魔法力量！這份愛的力量能夠穿越任何時間與空間，無時無刻、無所不在，細細密密地圍擁著我們，讓勇氣從中誕生。

（一）《崖上的波妞》：故事描述一個住在深海裡的小金魚波妞，為了能跟救自己一命的小男孩一同生活，一心一意想變成人類。同時也描述五歲大的宗介如何信守承諾。小男孩與小女孩，愛與責任，充滿純真的、愛的勇氣；海洋與生命，如同母親與孩子間的關係，相互依存、相互依賴。如何保持一顆純真的赤子之心，更是在如今充滿不確定感的年代中，最為重要的快樂之道。

（二）《小美人魚》：故事描述主角愛麗兒是個美麗堅強的美人魚公主，有一副動人的嗓音。她一直對海洋以外的世界充滿好奇。在一次暴風雨中，愛麗兒救了英俊的人類王子亞克力，並對他一見傾心。於是，愛麗兒用自己甜美的嗓音與邪惡的海巫烏蘇拉換來雙腳，進入人類的世界。卻

音樂會原創插畫：海中精靈。

不知已深陷烏蘇拉的陰謀中。愛麗兒最終粉碎了烏蘇拉的陰謀，拯救了海洋王國，找到自己的真愛。在深海嘉年華中，愛麗兒為愛犧牲的勇氣正應驗了人生中「有捨才有得」的道理。對於自己所堅持與選擇的道路或夢想，要能夠取捨並堅定信念，最終才能成功，得償所願。捨得，捨得，人生中智慧的最高境界。

(三)《霍爾的移動城堡》：此故事是宮崎駿導演改編英國奇幻文學作家黛安娜・韋恩・瓊斯在一九八六年的著作《魔幻城堡》。故事描述在十九世紀的歐洲世界，史柏麗王國裡出現了一座會移動的城堡。故事中的女主角蘇菲在去探望工作中的蕾蒂時，被軍官搭訕。正當她不知如何擺脫糾纏時，霍爾出現並搭救了她。之後蘇菲遇見了荒野女巫。當女巫得知霍爾與蘇菲見面時非常生氣，為了報復，她對蘇菲下了一個將人的外貌變老的詛咒。變老的蘇菲無法接受這樣的自己，於是她離家出走。在路上救了一個稻草人，稻草人為了報答，替她引來了霍爾的移動城堡。

本故事重點在於為愛付出。稻草人必須為愛人付出，要有愛人的吻，才能恢復原貌；蘇菲的內心需要有愛的滋潤，才能使外表恢復本來年輕的模樣；而霍爾在小時候與卡西法定下契約，他以自己的心臟換取了魔法的能力，因此能使用魔法，在天空中自由自在地飛翔。但因為他失去了心而逐漸變得自私，過度重視外表。沒想到他後來愛上了蘇菲，原本孑身一人、沒有弱點的他有了必須守護的人，漂泊急躁的個性因為有了歸處而逐漸安定下來。最後藉由真愛的力量，藉由蘇菲的幫助，他重新拿回原本屬於自己的心。至於荒野女巫，則是過度愛戀的表現。她只想佔有霍爾的心，卻始終無法擁有，不得不選擇將霍爾的心交還給蘇菲。

在人生中，為愛付出，為愛冒險，是珍貴的。真誠的付出與不求回報，才是真愛。人生中有愛的滋潤，才能勇敢面對挫折與困難。在人生的旅途中互相扶持，攜手走向未來，因而無懼勇敢。

♪第三章♪

琴鍵闖蕩

她帶著琴鍵闖江湖的信念，來到風城新竹，又去了雨都基隆，最後又輾轉落腳新竹竹北。年歲增長，見過的人事物也逐漸增多，唯一不變的，是那份彈琴的初衷。

一件短褲

考上了國立藝專（現台灣藝術大學）和新竹教育大學後，與母親討論了一番，最後選擇了竹教大的音樂系。加上爺爺奶奶就住在新竹，母親覺得這樣也好就近有個照應。

「當那件事發生的時候，我真的很慶幸身邊還有爺爺奶奶的陪伴。」

那次，田宜歆因為有重度近視，又忘記戴隱形眼鏡，在宿舍的晾衣間，不小心把學姊的短褲與自己相同的短褲搞錯，遂在收衣時一併收走。那位學姊發現自己的褲子不見時，竟然不是先向附近的同學詢問，反而直接上報教官。教官開始一間一間寢室檢查，彷彿嗅到了犯罪氣味的獵犬。最後在她的房間找到了，她向教官說明原因，同

全家福照片（中間是已過逝的外公）。

學也為她作證她的確有件一模一樣的短褲，甚至找來一起去買這件褲子的朋友證實，沒想到卻完全不被相信。

除了惡劣的質問語氣，教官還去調查她國小到高中的紀錄，看她有沒有過偷竊的行為，找了田宜歆的父親到學校說明，又問了她國高中的老師，她在學校表現如何。這些都是在她還來不及找到她那件相同的證物時發生的。她的系上同學都知道了，在她未來得及證明自己的清白時，大家都知道她發生了這樣一件事。而這件事，起因只不過是一條被拿錯的短褲。

她的爺爺甚至寫了一封信給自己的學生，也就是田宜歆就讀的系所的系主任。系主任出面為她說明。但最後，清白無辜的她還是被記了一個大過跟一個警告。

不久，她搬出了宿舍。這件事也成了她大學生活的陰影。

那時難過、受盡委屈的她在宿舍待不下去，就跑去爺爺奶奶家住。爺爺奶奶會陪著她在公園散心，爺爺對她說：「遇到事情或困難，要勇敢面對。人生不如意的事，十之八九，要勇敢一點。」親人的溫暖與支持，陪伴她熬過這段莫名闖入人生的風暴。

種種「未審先定罪」的舉動，暴露了當時台灣教育環境的封閉與僵化。教官進入校園，不得不承認確有傷害了人文精神的血淋淋的一面。她所經歷的雖然是一件起因極微小的事，卻讓她深感「寧可錯殺，不可放過」觀念的恐怖，不僅侮辱了她的人格尊嚴，也傷害了她與同學間的信任關係。更何況她所讀的是個，與藝術人文，與師範教育密切相關的教育體制，何嘗不讓人擔憂，在這樣的觀念中培養出的師資，難保不會有人在理解情況之前就先擅自對學生貼標籤，造成更多的誤會和傷害。而始終忠實呈現社會大眾的普遍價值的媒體，也因而盲從、嗜血，營造出信任感嚴重缺失的社會氛圍。

當時她所接受到的師資受訓的體制，讓她覺得「好像就是追求大家都要一樣，乖乖照著學校規定的，要你讀什麼就讀什麼。如果稍微跟別人不一樣，就會被當作異類。」經過這次的短褲事件，更是讓她感受到，陳陋的教育環境是如何殘忍扼殺了藝術人文本該擁有的活潑與生氣。

「這件事，在我踏上教學的路直到現在，成為一個自省的明鏡，謹記在心。」

琴譜上的 Excellent

「大學時班上只有二十位學生，我在大學時成績沒有到非常好，但大學四年內一直都有在彈琴的，班上就只有我和第一名的同學。」

大三時，系上的音樂系主任推薦她去上陳宏寬教授的大師班課程。陳宏寬，知名鋼琴家，曾任教於波士頓大學等校，亦曾任上海音樂學院鋼琴系主任。姊姊陳必先也是世界知名鋼琴家。曾經嚴重手傷導致七年無法演奏，醫界判診認為難以痊癒。後來憑藉自身力量克服難關，同時引發更多關於生活與音樂的思考。

一次，陳宏寬教授在聽完她的演奏會後，當場就在她的琴譜上寫下了「Excellent！」，毫不吝嗇地給予稱讚，鼓勵她可以考慮出國深造，讓她深受感動和鼓舞。沒有什麼比被自己所崇敬的人給予肯定來得更有力量了！

田宜歆大學畢業音樂會（前方數來第三排第二位）。

大四時她在竹教大的音樂廳開了獨奏會，演奏的是舒曼的A小調鋼琴奏鳴曲。獲得師長的鼓勵和期勉，讓她有了強烈的信心，「也許我真的可以出國深造！」種下了日後得以持續練琴的信念的種子，「如果可以，我希望可以彈琴到世界末日那一天。」

她的主修老師也給了她建議：，「畢業之後可以去德國科隆求學，拿演奏文憑。」當時她有考慮過出國，也想要去留學，但母親反對。因為母親捨不得女兒年紀這麼小就要獨自去外國待上個七、八年，她覺得那樣很辛苦，「你可以先去實習呀，去當音樂老師比較實在。」後來她聽了母親的建議，在台灣讀完研究所，心中卻仍惦記著，總有一天一定要完成當初跟自己約定好的目標，持續進步，超越自己。

基隆的伴奏生涯

大學畢業之後，面臨分發學校的抉擇。經過一番比較和判斷後，她覺得基隆市離花蓮距離較近，也比較熟悉，再加上花蓮當時沒有缺額，因此最後選擇分發到基隆市的德和國小任教，在基隆待了四年。

其間，得到基隆市政府的重用，擔任了基隆市合唱團跟基隆市兒童合唱團，和不少民間合唱團的專業伴奏，像是基隆海燕合唱團、婦女合唱團、基隆海洋大學合唱團等。那時她一人大約身兼八個合唱團的伴奏。像是細雨濛濛的雨都中，以琴為伴的旅人，四處遊歷，留下些餘琴音為足跡，一步一步，成為她從專業伴奏的經驗中累積起來的實力。

田宜歆於基隆海洋大學擔任合唱團伴奏。

田宜歆在離開基隆的時候，基隆市政府特別頒了一張音樂教育績優獎的獎狀給她。

桃李滿天下

之後因為結婚，來到先生的家鄉新竹縣竹北市定居，任教於新竹縣新湖國小至今。當時報考新進教師的有六十人，取四名，田宜歆考取了第一名，其間從未間斷過鋼琴的練習。

在新竹市演藝廳開了三場「夏之音」的鋼琴獨奏會後，開始有了一點點的知名度，許多家長登門拜訪，希望請她當他們孩子的鋼琴老師。之後來找她學琴的學生越來越多，展開了非常忙碌的工作生活，六日都在兼課。也因著母親的教誨，她只要答應教導這位孩子就會傾囊相授，所以過著非常勞心勞力的音樂老師的生活。

她指導的學生參賽得名後，她也會獲得指導獎，這樣的獎狀在家中相當多，足以見得她的認真。

「一開始每周都會去存錢，看著儲蓄簿裡頭數字的增加覺得很有成就感。」那時她一股勁就是埋頭努力工作，想要證明自己的能力。物質生活很豐富，但十分勞累，她也尚未覺察自己內心真正想過的生活該是什麼模樣。

這樣的日子過了九年。

田宜歆可愛的女兒：古亦（4 歲照）。

♪第四章♪

病情爆發

在沉睡於基因中的疾病甦醒的那一刻，呼吸被狠狠掐住。她說，她要用度過窒息瞬間存活下來的那口氣，不只是要試著與酣養在體內的猛獸共同生活，還要帶著它執行生命的任務，即使每一刻都是，虎視眈眈。

老虎睡醒了

在田宜歆以為日子就會這樣繼續過下去時，她突然昏倒了。

一開始是在浴室裡直接昏過去，那次家裡剛好都沒有人，沒有人能及時發現她的狀況，後來是她自己打電話求救。之後又發生了好幾次，但一直找不出原因，「那時候以為是碰到了什麼髒東西附身才會這樣，甚至還跑去找了玄天上帝收驚。」但經過了好幾次的收驚儀式，昏倒的狀況仍舊沒有改善，甚至症狀越來越多，越來越嚴重：心悸、眩暈、震顫、無法呼吸。

查覺到了身體的異樣，她連忙趕去就醫。才知道，因為遺傳的基因，加上勞累、高壓力的生活，讓潛藏於身體中的遺傳疾病，逐漸露出了徵狀的獠牙。

與自己對話，在急診室

喉嚨彷若被一雙無情的手狠狠掐住，淚水模糊了身旁來去的人影，那些急切嘈雜的聲音都聽不到了，唯有自己越來越急促、越來越虛弱的呼吸聲，伴隨狂亂的心跳聲，似是心臟與她的意識抽離，本身有了意識，猛烈撞擊胸腔，兀自吶喊著：「要活下去！要活下去！」

她感受著脫離自己控制、激烈掙扎的本能，本已累絕無力的意識忽地驚醒，急診室那單調灰白的天花板是視線裡唯一的畫面，她還不知道這雙手從何而來，也不知道為何要選擇掐住了她的呼吸，但她隱約明瞭了，如果這次能夠扳開這雙手，能夠再次大口大口順暢呼吸的話，應該要做些什麼，要做些什麼才是她的靈魂本質她的生命，原有的模樣。

「我不想要後悔……」

在一次發病、緊急送醫的時候，她躺在急診室等待醫生趕來為她打針。還不清楚病情到底是什麼狀況，只知道身體已經快要休克了，因為無法呼吸、過度換氣導致全身變得僵硬。在那個時刻，在那個死亡關頭的瞬間，田宜歆突然意識到，「我會死欸，我真的在休克邊緣欸，如果再繼續這樣下去……如果再發病，來不及急救的話，真的就會這樣走了。」

強烈地意識到了生命的脆弱，她想著過往的生活，「我要一直這樣下去嗎？賺了錢就去存錢，存完錢繼續回頭努力賺錢，看著簿子裡的錢越來越多。雖然我的物質生活過得很豐富，但這是我要的生活嗎？是我要的人生嗎？我的生命應該不是只有這樣子，我想要去做一些有意義的事情。」在那個窒息的瞬間，意識格外清明，她想到了，「如果能夠活著，也許我可以用音樂做一些事吧。」

焦慮與恐慌

後來田宜歆才知道，原來自己是得了焦慮症和恐慌症，遺傳因子來自她母親的家族。因為外婆在母親十歲時就去世了，所以也無從提前得知詳細的遺傳狀況。她的母親在年紀略大後才發作，她則是三十幾歲就開始了。再加上天生具有的敏感體質，症狀更為劇烈。

焦慮引起恐慌症的過度換氣，是她從醫生口中聽到的自己的病症名稱。

希臘神話裡的潘(pan)是半人半羊的牧神，有著人形的頭部和軀幹，山羊的腿、角和耳朵。這樣的外表後來變成了中世紀歐洲惡魔的原形。喜歡躲在森林裡發出神祕的聲響，或突然跑出來追逐人，讓經過的旅人飽受驚嚇，心跳加速、呼吸急促、拔腿狂奔。像潘所激起的這種極端強烈的焦慮反應，或與這種焦慮反應有關的，稱為恐慌(panic)。

恐慌症屬於焦慮症，常伴隨強烈的「自律神經失調」的症狀，發作時通常毫無預警，難以預期，就像突然從叢林間衝出來的惡魔，使病人在短時間內變得極度焦慮，出現頭暈、頭痛、心跳加速、手腳發麻、冒冷汗、吸不到空氣等症狀。

非常不舒服的時候就像到鬼門關前走一遭，會在病人心中留下恐怖的陰影。因為恐懼的經驗會形成身體記憶，不斷擔憂下次何時會突然再次發作，產生「預期性的焦慮」，一旦遇到與當時狀況相似的情境就容易引發恐慌，越發作越嚴重。

因此患者會感到巨大的痛苦，因為不曉得何時何地自己會恐慌發作，好比一隻老虎躲在身後伺機而動，隨時都可能衝出來攻擊，撲咬身心。她必須長期服用精神性藥物，壓制體內蠢蠢欲動的疾病，並且定期回診。

而疾病也嚴重影響了她的睡眠，常常需要吃安眠藥。安眠藥讓她的記憶力變差，琴譜就背不起來了。

不是克服就會好

「我花了很多時間學習跟這個疾病一起生活，要習慣生活中巨大的改變，學會接受、學會與之共存。」

「其實一開始的時候我一直在否定這個病，我一直覺得自己很快就會醫好，我可以減藥沒有問題，因為我是很有毅力的，尤其是在彈琴方面，我從五歲開始練琴直到現在，甚至是去年過年前我都還有找老師學習。所以一開始我認為自己可以憑毅力克服它。」

總是被教育「要堅持！不要放棄！一定可以克服」的我們，在面對命運時才知道，學會「接受自己要放棄一些東西的事實」這件事是這麼的難，這麼的重要。

田宜歆發現，當她一直抱持著「想要醫好」的想法，反而醫不好。「因為我沒有接受它的存在，我想要『克服』這個疾病，想把它消滅掉，結果這個『克服』反而會變成我的壓力來源。當我一直想用我的意志力或是靠運動等等方式去消滅、否認它的時候，它就會一直跑出來。」

沒有辦法接受，因為起初得知自己生病的事實而錯愕：為什麼是我？沒有辦法接受，因為社會大眾對於精神疾病的汙名化，所以潛意識裡拒絕承認自己可能或確實有精神疾病。精神疾病，其實就跟其他疾病一樣，任何人都有可能因為某些原因而得到。

「前一陣子我很忙的時候，它就跑出來大鬧，自律神經失調，導致免疫系統失調，最後焦慮跟恐慌移轉成了憂鬱，就會常常大哭，覺得心情不好。」她發現這樣下去不行，情況會越來越糟，自己只能接受它在身體裡，要去正視這個問題，不能一直想消滅它。

「要知道它在，想辦法要讓它舒服，而不是說你不要在我身上，我會用意志力壓制你，這樣反而會更嚴重。所以後來我就聽了醫生的建議，要學著跟它共存，然後必須按時吃藥，不能再自己隨便決定減藥了。」

遺傳的焦慮症和恐慌症，當壓力越大，反撲的情況更明顯。所以田宜歆後來明白了，當它轉成憂鬱的時候就是警示，要告訴自己，我已經很努力了，累了就休息一下吧。「放下很難，但我不能再覺得自己什麼都要做，什麼都要贏，必須要調整要放手。因為我如果不去正視這個疾病，所以症狀都會接連反撲在我身上。」

學會與它共存的下一步

那次急診出院後，田宜歆在家休養了兩周。因為身體眩暈、心悸得很厲害，完全不能上班，只能在家中躺著，動彈不得。

因病而忽然得到大段空閒的時間中，只剩腦袋不受影響，還靈活著，她開始思考當時在急診室一片混亂之中，腦海裡浮現的唯一念頭：「如果能夠活著，也許我可以用音樂做一些事吧。」但要做什麼事呢？自己雖然生病了，但還有機會彈琴，那麼自己所彈奏的音樂能帶來什麼？除了自身的興趣、工作需要以外，自己的琴還能夠做到什麼？

「我的專長是音樂，那我就用音樂來做一些事好了。但要怎麼用音樂做一些事情呢？要融入什麼東西到音樂裡、演奏裡？後來我就想到了公益音樂會。」臥病在床的時間，醞釀出她創辦公益卡通音樂會的想法。

思考到音樂教育，想要讓更多孩子能接觸到古典音樂，「孩子們都很喜歡看卡通，用鋼琴彈奏卡通的音樂可以引起孩子的興趣，引發他們學習古典音樂的動機。」用古典樂融合卡通的方式，期望可以吸引更多的人、更多的小孩進來演藝廳裡感受一場音樂饗宴。

猛然闖入生命中的病魔帶給她許多難以言盡的痛苦，卻也成為她決定辦音樂會的關鍵推手。一切在於——

「因為我很努力轉念啊，尤其是這類屬於精神性的疾病，更加需要用意志和身體對話，發作的當下真的非常非常痛苦，但我會尋找可以治療我的心靈的方式。」

於是，卡通音樂會的想法就此開始萌芽。

特別收錄：卡通裡的音樂教育（二）正義的力量

正義的使者集勇氣與智慧於一身，面對困難危險總是能化險為夷。但是，最大的敵人往往是自己。如何克服恐懼，戰勝心中的惡魔，才是真正的正義使者。

（一）《憤怒鳥》：芬蘭 Rovio 娛樂公司推出的卡通益智遊戲。玩家需要控制一群小鳥，藉由撞擊破壞許多障礙物，幫助他們奪回被一群綠色小豬搶走的蛋。自二〇〇九開發以來，創造了高達一千兩百萬次的下載量，風靡全世界。

因著愛的勇氣去奪回蛋的過程，正是一種不畏壞人的威脅、勇敢面對挑戰的力量。在生活中，我們常常需要用無懼的勇氣與智慧，來解決生命中遭遇的困境。而憤怒鳥的音樂輕快活潑，又帶有一些滑稽的成分，讓我聯想到轉念與「山不轉路轉，路不轉人轉，人不轉心轉」的境界。遇到人生的課題與挑戰，用一種輕鬆、幽默的心態去面對、處理與放下，是一念之轉的人生最高境界。

（二）《馴龍高手》：此故事開場於虛構的世界，名為小嗝嗝（Hiccup）的年輕維京人渴望跟隨部落的傳統成為一位「屠龍高手」。在某天晚上意外地捕捉到了一隻傳說中的龍——「夜煞」之後，開始有了自古以來從未有的與龍交流的機會，並逐漸建立起彼此的信任感和友情。這個契機讓部落的人們原先對他虛弱無力的印象有了改觀。而他也發現殺龍並不能解決問題，應該要以馴服來取代。

正印證了人最大的問題，常是由於內心的恐懼造成的，如仇恨、嫉妒、比較、抱怨等等，每個人心中都常有光明和黑暗在互相爭戰，所以我覺得對每個人來說，如何超越自己，戰勝內心的恐懼，進而用愛來包容萬事萬物，才是真正的勇氣，也才能真的成為自己生命的勇者，進而活出自己的生命之光。讓我們勇敢的成為自己生命的正義使者吧！

音樂會原創插畫：正義飛龍。

♪第五章♪

音符萌芽

對於「音樂是什麼？」每個人各有屬於自己的答案。與疾病的痛苦共存的同時，她希望音樂成為一種力量，以鋼琴，以古典音樂，來傳達她認為來到這世界上應該要知道的美好事物，像是付出與愛。這是田宜歆現在相信著並持續努力的答案。

教音樂，好累

除了發病時對生命意義的頓悟，另一個因素也是促使田宜歆舉辦卡通音樂會的動機。

當了二十多年的國小音樂老師，在這個教育體制之中，田宜歆深感藝術與人文領域仍是被邊緣化的科目。在偏重考試目的的現況下，花費在國語數學英文等學科的時間和資源，遠大於其他科目。

尤其在藝術與人文領域當中，表演藝術往往是最不被重視的，其次是音樂課程。雖然國中之後開始有表演藝術方面的師資，但在國小部分目前仍是缺乏的，在非都會地區的國小更是如此。

田宜歆教書照

到了課業壓力加重的國中、高中，學校課堂上也不乏發生過，學生在音樂、美術等非考試範圍的課間，偷偷或光明正大地準備考試或作業的情況，儘管台上的老師花了多大心力準備教材，多麼努力想要傳授該科的知識給學生。這些現象，一再顯示基礎教育中美感學習的匱乏與缺席。

「國語數學英文往往最受重視，其他的都一律排在後面，導致品德教育、藝術人文一直都相當不足。所以在這樣僵化的體制中，有時候會有一些彈性疲發的感覺，因為我在這裡做不了什麼事情。即使很多人都會説，你當老師很好啊，但當自己處在這體制中真的做不了什麼事的時候，才會更加失落、失望。」她語重心長地説道。

台灣知名建築教育學者漢寶德：「藝術與人文其意義即融合各種藝術於一爐。」一音樂課歸納到藝術與人文的課程實行將近十年，雖立意良好，但在實質方面，田宜歆認為在藝術融入生活並與孩子互動這方面，並沒有什麼太大的改變與助益。

音樂課原先一周有兩節，現在只剩一周一節。部分學校是美勞兩節，音樂一節；有的則是上學期音樂兩節，美勞一節，下學期堂數對調。總合算起來時間都不多。老師本身要編寫教材不容易，合作上更是困難。因此只好音樂歸音樂，美術歸美術，大家各教各的，沒有融於一爐也沒有表演藝術，因為不受重視、被邊緣化，資源不足。從書商挑選課本，也都是會先去問國語數學等學科的老師，藝術與人文的教材往往是最後才挑的。

在這種升學主義至上、體制轉變、表演藝術又融合進不來的狀況下，她萌生了舉辦音樂會的念頭：想要做出一個讓更多孩子聽見好的音樂的計畫，融入更多創意的變化，同時思考如何透過音樂傳遞正面的價值觀，像是愛、勇氣、希望等等。

「這是很重要的，但目前在學校的藝術與人文課中，做不到太多。」所以她想從僵化的體制中跳脫出來，將品德教育匯進故事，再用音樂導聆述說故事。

說起當初創辦音樂會的起點，她也提到了六藝劇團的團長劉克華。劉克華在國中任教時成立六藝劇團，以他的戲劇專長將戲劇融入教育，帶領學生。後來有感於現今社會價值觀紛亂無章，以物質利益至上；校園成績掛帥的教育理念難以改變，品格教

田宜歆與六藝劇團團長劉克華合影

育式微。看著孩子在這樣的環境中迷惘無措，劉克華毅然向學校請假，專心帶劇團，以劇團表演的方式呈現儒家重要的道德思想，並且融入現代音樂與舞蹈，更加貼近孩子的心靈。

「這些也一定是他在學校做不了的事情，因為沒有那樣的空間也沒有那樣的師資，尤其是在表演藝術這塊領域。我覺得他才更了不起。」

音樂被鎖在教科書裡

「我辦的音樂會就是想要傳達，音樂不是菁英式的，不是比賽和成績，它的最初與最後都應該回歸於生活與人生上。比賽不應該成為一個目的，對音樂的熱愛才是最重要的。」看到音樂教育的現況，田宜歆道出她的擔憂之處。

藝術不應只是放置於美術館冰冷的櫥窗中被「神秘化」的收藏；不應只是關在高級的演奏廳裡的樂聲。藝術，該要是與人們生活密切連繫的存在。

約翰．伯格在《觀看的方式》(Ways of Seeing) 曾提出古典藝術被「神秘化」的問題。當介紹一幅畫作時，只強調繪畫的技巧、構圖、筆觸，忽略了其中的社會意義與情感價值，反而以冷冰冰的所謂「藝術欣賞」來觀看。這個「神秘化」的過程，將藝術簡化為上流社會遙不可及的附庸風雅，阻斷了大眾美感學習的機會。

而當古典音樂因為昂貴的學習成本，被視為高社經地位階級的特權消費品，將其價值單一依附於比賽舞台上外在給予的掌聲，無疑是在古典音樂上罩上一層玻璃，看似剔透美好，卻增加了與大眾之間的距離，失去了激發情感衝突的可能與溫度。

「讓古典音樂回歸初衷，基礎音樂教育的落實與深化是相當重要的。」音樂藝術的推廣必須從小扎根，讓孩子從小接觸音樂，不是要造就音樂家，而是培養對音樂的鑑賞能力。除了養成正當的休閒活動之外，更可以藉由音樂來探索生活中那些引發自己感動與共鳴的事物，進而構築出自我的模樣。

當人足夠了解自己時，就容易掌握抒發情感、穩定性情的方法。

然而對小朋友而言，踏進音樂廳欣賞音樂會是有困難度的，除非是非常喜歡古典音樂，不然要乖乖坐在音樂廳裡整場演出不吵不鬧，簡直是件不可能的任務。而且小朋友對流行音樂的接受度總是大大地高於古典音樂。

有鑑於此，多年來從事音樂教學的田宜歆老師想到了一個好點子：「可以結合卡通！」她特別為小朋友規劃一場與眾不同的音樂會，透過耳熟能詳的卡通音樂與故事，同時結合古典音樂的旋律，加上旁白為觀眾構築想像空間，以循序漸進的方式讓小朋友輕鬆的進入音樂的殿堂，進而喜歡音樂，以期達到音樂藝術推廣之目的。

不論幾歲，每每與朋友聊起卡通，總是能開啟屬於彼此的童年回憶。故事內容、登場角色，以及開場與結束的歌曲和隨著情節展開的配樂，即使不記得歌詞，但往往能夠從記憶深處自然勾出，哼唱起旋律來。卡通，與卡通的音樂，已然成為一種集體記憶，陪伴大多數人成長。

而卡通、童話、故事之於兒童的成長是非常重要的。Bruno Bettelhelm 在《The Uses of Enchangtment》一書中即說明了童話對兒童的重要性：「童話的功能是透過與潛意識心靈的對話，幫助兒童度過成長中的情感危機，達到成熟獨立」。即使不再是兒童，我們的潛意識心靈仍需要故事中的「英雄」、「先知」，來領導我們面對社會文明中可能遭遇的壓抑和痛苦。這正是卡通和童話故事產生的原因。

藉由古典樂結合卡通的音樂與故事，田宜歆期望能將古典樂從教科書中生硬的知識與理論中解放出來，讓國小的音樂課不只是唱歌、吹直笛，還能有更深入的，在生活多元面向上的教育。

這本書推了我一把

等到身體狀況比較好了，田宜歆返回學校教書，同時也繼續思考著「這個公益音樂會要怎麼進行？表演曲目中古典音樂跟卡通要怎麼結合？」在學校下課的時間，這些想法一直盤旋在她的腦海裡。

反反覆覆地構想，依舊停滯在腦內描摹雛型的階段。直到在一個機緣下，接觸到一本有關生命藍圖和人生抉擇的書：《小島上的靈魂治療師》。「這本書影響我很深，原本我還在醞釀、思考的階段，是這本書推動我開始行動，是我的推手。」田宜歆邊說邊從隨身的包包裡拿出書來，不厚，約兩百頁，攤在桌面上，指間掠過書頁，點在那些深深觸動她的字句上。

「你很健康，但不快樂。」翻過來，書的背面有一句黑體加粗的字。對自己百般畫地自限，快樂就不會真正屬於你。「懂得放下心中的『不可能』，才能釋放生命中無限的可能。」當身體發出警訊，健康亮起了紅燈，田宜歆意識到自己真正想要的不是藉由外在物質所給予的快樂，而是做了件有意義的事情後，從內心而發感受到的快樂。在有限的生命中創造無限的價值，同時學習如何擺脫那些妨礙我們快樂的障礙物。

「裡面有提到一段，他說，如果你有一件很想做的事情，是你的靈魂的藍圖，是你的夢想中的一件事情的話，你就要為它做出一些犧牲，有捨才會有得。並且開始出發、行動。」

她說她常常會思考自己到底是誰：「思考我來到地球是為了什麼？我存在在這個地球上是要做什麼？除了一般的吃喝玩樂之外，我的天賦可以做些什麼事情？」人內心的小宇宙與大宇宙是連通的，肉身在地球，而靈體與宇宙連結。每個人的靈魂都是一個小小的水滴，源頭都是一樣的，只是來到這裡做一些地球的功課。

「當下看到這段的時候，因為我剛好就正在醞釀做一些事情，所以我立刻就決定留職停薪三個月。開始了我的第一場音樂會：《卡通世界：魔法音符之旅》。」

♪第六章♪

夢想足跡

從第一場開始，卡通音樂會在台灣各地展開南征北討的旅程，足跡遍布一個又一個縣市，不知不覺也是六年光陰。其間，田宜歆看到了，那圍繞在彈琴的自己身旁的一個個笑臉。儘管他們的生命裡各自背負了不同的艱辛，但在此時此刻，與她彈奏的音符一同，笑起來都是一樣的率真可愛。

夢想，從一個音符出發

二〇一一年，音樂會的第一場〈卡通世界：魔法音符之旅〉，以夢想為主題，在新竹中學的演藝廳踏出了實踐的第一步。

起步總是不容易的。田宜歆憶起當初她要辦這個音樂會時，四處去找經紀公司，沒有一家願意理會她的困境。因為舉辦這個不會賺錢。後來好不容易通過朋友的介紹，認識了文生音樂藝術的老闆。

文生音樂藝術公司向來是邀請國外知名人士來演出的，但她還是抱持著希望，到台中去拜訪他。說明自己想辦一場半公益的親子音樂會，廳內約有五百五十個座位，其中的六十張票她要捐出來給新竹的育幼院。

討論了很久，對方同意了。田宜歆開始正式籌備音樂會，一邊聯絡受贈的單位，一邊努力宣傳其他近五百張的票。但因為是第一次，也不知從何宣傳起，所以她把可以認購票的親朋好友的姓名全部寫出來，寫了將近五百個名字，列成一個清單，一個個詢問，確認之後可能購票的人數。

就這樣開始了第一場在年代售票系統上售票的卡通音樂會。

起初的卡通音樂會不是像現在已有了多元的舞台呈現。當初只有編曲跟旁白，沒有其他任何東西，是一場純粹的卡通音樂加上古典音樂的鋼琴演奏會。「但是在編曲上我下了非常大的工夫。」她請來具有音樂底子同時也有戲劇實力的江之潔擔任編曲工作。

「他在敦化國中教書。我們是因為比賽認識的，他很會彈琴，參加了當時我擔任評審的成人組比賽，彈自創曲獲得第一名，從那時候我就注意到他。」兩次大賽上看到他都是彈自創曲，簡單的小星星音樂他可以彈得像新時代風格的音樂，非常有才華，所以田宜歆決定去找他合作。

向江之潔說明了她的點子後，兩人開始討論。每次不是田宜歆北上，就是江之潔來新竹。兩人就這樣來來回回的討論，費心費神，花了相當多的時間商量：要挑選哪些曲子？卡通要怎麼融合古典音樂？

不僅要考慮到每首卡通音樂、古典音樂的主題和特色，也要思索樂理的結構必須符合鋼琴的語法。所謂鋼琴的語法，簡單而言，就是編出來的曲子在彈奏的時候，兩手不會打架。

編曲時心裡會有一個畫面，像是埃及王子摩西出紅海，達成夢想的畫面，再思考要怎麼融入貝多芬的悲愴裡面，引人回到當年歷史發生的那個場景和情緒。「畢竟埃及王子是唱的，要如何跟貝多芬的鋼琴曲結合，我們花了很多心血思考。」而龍貓在電影中是小孩子才看得見，大人看不到的，加上配樂給人一種迎向未來、充滿活力、正面力量的感覺，所以他們決定結合貝多芬的歡樂頌。

最重要的一首是DoReMi之歌，「因為Do是代表我們在琴鍵上的第一個音，結合小星星的原因是因為小星星有拼貼、層次感的感覺，可以直接感受到最簡單的幾個音符在跳躍。DoReMi代表起初、初始，有了DoReMi才有辦法創作音樂和曲子。」

這首編曲中間做了很多轉調，一下從G大調轉到D大調，節奏越來越快、越來越高，讓編曲有趣味性和拼貼的層次感。

第一場音樂會，他們最後選定了關於幾首關於夢想的曲子：埃及王子、阿拉丁夢想成真、天空之城。

那一場演出時台下座位全部坐滿，田宜歆最終成功找到了五百多名的觀眾。當主持人介紹她出場的話音落下，她從後台走向舞台上鋼琴的位置，看到了台下許多前來觀賞這場初試啼聲的音樂會的觀眾，那一個畫面讓她的內心隱隱憾動。直到彈奏到神隱少女的樂曲時，心中的情感再也抑制不住，眼淚毫不掩飾的落了下來。

神隱少女的故事中描述千尋來到神的國度，千辛萬苦終於找到父母，那種願望成真的感覺，「就好像第一場音樂會台下坐滿的觀眾是我千辛萬苦找到的，那種作為開頭的第一場的艱辛，最終化為身處在神的國度幸福、平安、寧靜的感覺，相互交集在一起。」一邊彈一邊淚流滿面，琴鍵上彷佛鋪滿了她的血汗。

「因為音樂會最重要的是要有聽眾，表演得再好台下如果沒有聽眾，你不會覺得

2014 年 5 月 3 日，卡通音樂會於高雄音樂館舉行，左起伴奏邱琳云、與會孩童、田宜歆、大提琴手趙子韶。

辦這個音樂會有任何意義。」

除了神隱少女中找尋父母過程給予人的感動，還有一種身處神的國度的氛圍，讓她感受到當自己在彈奏時，特別有一種自身的靈與神的結合，在音樂中共存而靜謐安好。千尋找到了他的父母，田宜歆見到了夢想持續下去的可能性，千尋的努力與她的努力，因為音樂，疊合在一起。「那種充滿愛跟希望、幸福的能量，可以藉由音樂傳遞出去。所以神隱少女一直是我最愛的曲子。」

音樂會的三大理念

「做一件事要長長久久並持續進行的話，一定需要堅定的信念。」田宜歆和志同道合的夥伴們為卡通音樂會立下了三大理念：

第一個是卡通結合古典音樂，致力於推廣良善音樂給小朋友，並在每一年音樂會的主題中融入正面價值觀。生硬的論點往往讓人難以由衷接受，透過歡樂的音樂饗宴，讓孩子在享受優美的樂曲與生動的故事時，自然而然認知到良善的價值觀為何。

第二個是卡通音樂會的演奏中，融入插畫、動畫等多媒體的視覺呈現與主持人的故事導聆、機智問答，讓小朋友更能感受到音樂的力量，並培養聯想能力。不僅只是聽覺上的，也可以體驗到視覺與音樂之間的奧妙，讓孩子和大人都意識到：「啊，對啊，這個世界並不是只能用一種方式來感受」，重新啟動可能一度被蒙蔽的感知。透過這樣多媒體的呈現，落實創意思考的教育理念。

第三個是眾生平等，每場邀請弱勢的團體、家庭來免費參加音樂會。古典樂、音樂會從來都不該是專屬某個群體的特權，每個人都有權利享受藝術。藉由公益音樂會，希望能打破金錢的門檻，讓平時無法參與音樂會的人也能進入音樂廳，平衡資源分配。

除了秉持三個理念，音樂會也力求持續創新，加入新的元素，每一年都會加入不同的樂器，像是以往曾有大提琴、薩克斯風，今年則會加入長笛。

讓心正常跳動

二〇一二這一年，受到社團法人中華民國關懷心臟病童協會的邀請，在台北雙連教會舉辦關懷心臟病童的公益音樂會。雙連教會的觀眾席有五百個座位，音樂會將其中兩百張票贈給心臟病童，並且開放其他位子給一般大眾。

這場音樂會讓田宜歆親自感受到了弱勢族群的困境。

音樂會前的公開記者會，請了小小兵來代言，並大力邀請心臟病童及其家人一同出席共襄盛舉。但是幾乎沒有人前來參與記者會。

經過了解後，才明白因為心臟病童的父母都是非常保護自己患有心臟病的孩子的，不想讓外界得知自己的小孩是心臟病患者，不想讓孩子曝光出來，深怕接觸到外界時如果有無法掌控的意外發生，突發的刺激可能會讓孩子心臟負荷不住，當場病發。加上較嚴重的心臟病童都是要動很多次手術的，身上

2014 年 5 月 18 日，田宜歆受邀至國家廣播文物館演出。

帶有很多傷痕，也要接一些導管的輔助儀器，所以這些孩子的體力都很不好，不能進行劇烈活動。因而這些父母非常保護自己孩子的隱私，所以不願意讓孩子出席記者會。

但這些孩子的醫療費其實是相當高的，卻又因為擔憂突發狀況的考量，無法讓外界了解這件事情而受到關注。

見到這樣的情形讓田宜歆更想出一己之力，希望能透過音樂會的方式，鼓勵他們走出來，讓這些病童在有安全保障的室內參與半公共的場合，得以接觸人群。

「我後來也有認識幾位心臟病童在唱歌方面很有天分，雖然動過很多次手術，仍然持續在唱 acapella(無伴奏合唱)。非常讓人佩服。」經過這次，讓田宜歆想要落實「眾生平等，關懷弱勢」的理念更為堅定。

從鋼琴椅上，摔落

二〇一三年到二〇一五年，從北到南將近舉辦了二十幾場音樂會。

2014 年 7 月 26 日，卡通音樂會表演團隊合影。

「但我的病情也如老虎般，與我共存。」二〇一二年的年底，十二月十九日，在桃園的卡通音樂會讓田宜歆嚐到了摔落谷底的黑暗。

那是她第一次去桃園舉辦音樂會，當時也換了新的經紀公司合作，邀請伊甸基金會、殘障基金會、腦痲的孩子、新生命關懷協會來參與。除了要和這些社福團體溝通她的音樂理念，同時也要兼顧售票的宣傳。

「經紀公司也說從未遇過一

位音樂家像我這樣這麼在乎觀眾，通常音樂家只會在乎自己的演出如何，但我認為一場成功的演出，台下一定要有觀眾。」所以田宜歆非常努力和社福團體溝通，希望能捐贈一百八十張票給這些團體，也積極的推售其他座位的四百多張票，最後全部賣出。

沒想到在開演前一天，她忽然發病了。眩暈、昏倒，恐慌症又再度發作，引發了過度換氣，後來送醫急診。在迫於無奈的情況下，臨時取消了隔天的演出，罵人的聲音就如雪片般出現了。

經紀公司在當時接獲通知也是晴天霹靂，在第一次合作又措手不及的狀況下，連在售票系統上退票都來不及處理，只能派工作人員帶了幾十萬現金，請民眾到現場退票。就在門口大排長龍退票的其間，就有人不耐地開口抱怨。

「那一天狀況蠻混亂的。」之後田宜歆聽經紀公司跟她說明那時現場的情形，「我當時在台大醫院急診，之後請了十五天的假在家休養。那時真的受到很大的打擊，很認真的籌備音樂會、準備演出、宣傳票，座位也全數賣出了，卻因為忽然發病，一切付諸東流。」

「遭受打擊後意志非常消沉，甚至一度覺得自己沒有辦法再彈琴了。」在那時田宜歆得了幽閉恐慌症，一進到鋼琴室她就會不由自主地想到那場音樂會，開始恐慌、哭泣。無法預測何時會發作的自己的病，讓她與觀眾失約，讓合作夥伴遭受責罵，內心的自責與歉疚壓得她喘不過氣，久久無法面對取消演出的打擊。

從小熟悉的琴鍵一瞬間變得如此陌生，甚至只要看到鋼琴就有恐慌感，無法接觸到鋼琴，也沒有辦法待在那個曾讓自己全部心神依賴於此的空間裡，鋼琴室彷彿成為會吞噬她的黑洞入口。

「就算我試著逼迫自己坐在椅子上，坐在鋼琴前練習，但也總想逃開。坐在鋼琴前的椅子上就覺得自己失敗了。」

取消演出的事情發生過後，經紀公司的音樂總監打了好幾次電話給田宜歆。「一開始，我一接到電話就哭，說我不想彈了。因為發病的那個當下非常痛苦，我知道自己不能彈，但我明明隔天就要演出了。」

在急診室時，要決定取消音樂會的瞬間，父母在身旁不停地勸她：「放下，放下」，她都還想爬起來繼續彈琴，父母就說：「這樣不行，你一定要放下，不然這樣你的病過不了。」因為她的內心遲遲無法放下這場音樂會，所以過度換氣很嚴重，情況一度危急。當然最後不得不取消演出了，但是那段要說服自己放下、心裡掙扎的過程，真的令她非常難受。

這段經驗讓田宜歆一度無法再繼續彈琴，但經紀公司的總監跟她說：「不要太自責，雖然這次退票了，但是不代表我們沒有機會，不要放棄彈琴。」並且鼓勵她，表示他們願意幫她爭取申請，看能不能補演。

那時候親人從花蓮趕來新竹看她。因為擔心她的身體，家人就跟田宜歆說不要補演了，因為母親覺得這個病情跟壓力有關，上台演出的巨大壓力與自律神經互相拉扯，會讓她更容易發病。

田宜歆覺得自己需要學習與過去的遺憾妥協，但是同樣也不能屈服於病魔而中途放棄，「即使因為取消演出而損失很多費用，但經紀公司仍願意為我爭取機會，所以當他們爭取到的時候我就決定要補演。」她決定要與支持自己的夥伴一起重新再努力一次。

不過在決定要補演時心情也是非常忐忑，等於一切就要重新來一遍，當初約好的社福團體必須重新詢問，原本全部售完的票也不知道這次補演能賣出多少，不知道那些觀眾會不會再來音樂會。懷著許多擔憂，在經紀公司和音樂會夥伴的支持下，田宜歆在全部打掉重來的情況下，以同樣的努力做她該做的事。

在經紀公司的關心與支持，以及自己的堅強毅力下，田宜歆又再次彈奏起了鋼琴，尋回屬於自己的音符。

在二〇一三年的三月九日完成在桃園的音樂會，觀眾席也是滿座。

由衷的快樂

二〇一三年的三月九日，在桃園文化局演藝廳場的音樂會補演場次〈哆啦A夢的力量〉。

2015 年 6 月，於台北士敏廳，田宜歆為台北特教關懷協會、中華民國智慧光協會演奏，與合作之獅子會夥伴合影。

五百四十個位子，一百二十張捐出，受贈單位有桃園自閉症關懷協會、桃園腦性麻痺關懷協會的孩子、天使心家族社會福利基金會。

因為有輪椅需求的觀眾參與，經紀公司有詢問田宜歆的音樂會團隊要不要開放輪椅區。因為輪椅區通常都是依照演奏家有無開放的意願決定的。

「我基本上對需要坐輪椅的小朋友，一定是歡迎他們進來參與音樂會的。所以我們立刻說好，開放八到十個座位，把音樂廳的可活動的椅子收拆起來，變成一部份的輪椅區。」

其中讓田宜歆印象很深刻的是，有一個媽媽推著一個腦性麻痺症狀嚴重的孩子來參與，他們進到會場時經紀公司的接待人員有特別關心他的狀況。

從經紀公司的敍述得知，那位小朋友的媽媽在上半場約半個小時左右就會問一次她的孩子：「你累不累？」。因為這個小朋友不僅身體癱瘓，坐在輪椅上，還正在吊點滴。點滴會讓人更頻繁地需要一段時間就去廁所。所以小朋友的媽媽在欣賞這場音樂會的過程中，時不時緊張地詢問孩子的狀況，「要不要上廁所？會不會太累？我們要不要聽完上半場之後就回去休息？我推你去上廁所，上完我們就離開？」

這個孩子的回答讓田宜歆聽了相當感動。他跟他媽媽說：「我想把這場音樂會聽完。」

所以他就在現場工作人員的輔助之下，讓媽媽推著輪椅在中場休息的時候上完廁所。其間，媽媽還一直問他：「你 OK 嗎？要不要我們就回家了？」但這個小朋友相當堅持要把音樂會聽完，甚至提出「我要去找田老師合照」的要求。

於是結束的時候，媽媽就推著他來找田宜歆老師合照。

「這位媽媽告訴我們，她的孩子堅持要聽完音樂會，他最喜歡的是哆啦A夢主題曲融合爵士樂這首音樂。剛好那天我們會場有一個很大的哆啦A夢的氣球布置，我們就把這個氣球送給他。」

接過氣球，這個孩子非常高興，雖然因為腦麻的疾病症狀，無法控制臉部的顏面神經，無法物理性地直接看到他露出很開心的表情，而且他的媽媽也一直在一旁幫他擦去嘴邊流下的口水。

「但是可以感覺得到他真的很開心。」田宜歆想起了那時來找自己合照的孩子，雖然坐在輪椅上行動不便，也無法牽動嘴角微笑，「從他的眼睛裡和細微的肢體動作中，可以很明顯感受到他的快樂是從內心而發的，他的心中有一個大大的笑臉。」這個孩子感謝他的母親帶他來聽音樂會，感謝田宜歆老師讓他體驗到音樂的美妙，孩子由衷的快樂，至今田宜歆仍深刻記得。

「我的音樂會能讓腦性麻痺的孩子願意聽完是非常值得高興的事情，讓我有繼續彈下去的動力，是鼓勵我的力量。」

小黑蚊我怕怕

二〇一三年五月受到台東文化局的邀請，在關山國小舉辦音樂會。這是卡通音樂會第一次到偏鄉演出。

「這場演出讓我非常難忘。」說起這場的音樂會，田宜歆首先就為它下了一句心得。

那天是五月的盛夏，三十五度的高溫，場地是一個沒有冷氣沒有空調的體育館。關山國小多是原鄉的小朋友，台下全部坐滿五百多人，包括全校師生和一些其他鄰近學校的學生。台上的平台鋼琴除了音準有問題之外，最低的兩個音甚至完全壞掉，發不出聲音。

「而我彈奏的《埃及王子》是需要最低的那兩個音的，只好立刻臨時改了別的音。」一掌心微攏作彈琴狀，手指在桌上輕點，示意著當時狀況的急迫。

那時台下有幾支大電風扇在吹，台上一點風都沒有，頭頂上還是暖黃色的燈光籠罩。「我在台上揮汗如雨，還要忍受小黑蚊攻擊我的腳，想抓又只能忍著，差點就覺得演出無法完成了。」從在彩排時間與校長說話那時起，田宜歆就感受到了小黑蚊的威力，只能不停拍打自己的腳。而彈琴時雙手都在琴鍵上了，拍也拍不到，只好催眠自己感受不到腿上傳來的陣陣癢意。

「他們可能沒有想到彈琴是很需要力量的，必須控制全身的力氣。在沒有空調的情況下彈三十分鐘就會冒非常多汗。甚至是在有空調的音樂廳我都還是會微微出汗。」但是因為台下孩子們的熱情感染了現場所有人，一般只彈一、兩首的安可曲，這次她連續就彈了四首。

演出全部結束後都不知道臉上是淚水還是汗水。因為太熱，整個妝都花掉，禮服

2015 年 10 月，田宜歆為台北市特教關懷協會孩童演奏。

濕透，連琴鍵上都鋪著一層薄薄的汗水。

「而且沒有更衣室，只能在廁所裡面狼狽地快速換裝。這種演奏環境就是在考驗演出者平時修練的定性夠不夠。」想起當時自己彷彿是在執行緊急任務的模樣，特殊的演出經驗讓田宜歆不禁哈哈大笑，同時對「什麼是表演藝術？」「表演藝術的場域該如何定義？」有了更深的體悟。

雖然演出環境比較艱辛，「但即使如此，我還是感受到了原鄉孩子的純真與熱情。」在台下合照、互動的時候，他們都對她喊：「老師你好漂亮！音樂好好聽！我們第一次聽到這樣的音樂！」並爭相來擁抱她和主持人。

「台下和台上沒有距離，打成一片，都不需要刻意說什麼，感覺音樂就是最好的與他們溝通的語言。」

這場音樂會是田宜歆表演安可曲最多的一場，也種下了日後她希望能夠下鄉表演的想法。

熱鬧府城行

二〇一三年九月十四日於台南大學的雅音樓舉辦的音樂會，在籌備過程中就遇到不少困難。

因為田宜歆在這之前沒有去台南演出過。「台南這個地方比較特別，第一個你不是在地人，就會很難打進這個地方的音樂圈。第二個是台南人會認為一百元就很貴了，他們一個便當就五十元、六十元。我們演出一張票至少也是三百元左右，對居住在台

2014 年 9 月，田宜歆於台南大學雅音樓舉辦卡通音樂會。

南的人來說，可能比較無法接受這種票價差異。」

台南市政府常常會舉辦一些免費的音樂會，所以外地的音樂會團體要進入是有一定難度的，經紀公司也會說台南這個地方因為太難推票，考量到成本問題都盡量不往這裡發展。實際上卡通音樂會演出當天，的確也有一些反映的聲音說票價太貴。

負責商演的售票經紀人也曾婉勸田宜歆放棄台南場。但她還是想試試看，因為公益音樂會本來就不以賺錢為目的，可以的話，她希望能到每個城鎮去舉辦。

上天似乎聽見了她的願望，不久因緣際會地，她認識了社團法人台南市新世代社會福利關懷協會的人。

這個協會約照顧七、八百個孩子，當中有身心重症、單親、家暴等弱勢的孩子。這個團體想讓他們的孩子來參加卡通音樂會，積極地與田宜歆的音樂會團隊聯絡。得知這個消息後，田宜歆透過公益經紀人與他們聯繫，捐贈約八十張座位的票給他們。同時也邀請了中華民國癌友新生命協會一同參與。

不過因為推票仍然困難，決定透過議員在台南市議會召開公益音樂會的記者會，讓音樂家在現場演奏一小段，邀請大家參與。當時田宜歆在現場用電子琴彈奏，大提琴手也拉奏了一小段樂曲。

音樂會當天，社福團體的小朋友真的全部都到齊，可是因為部分民眾可能不知道這場音樂會不適合三歲以下的小朋友參加。當天三歲到五歲的孩子較多，所以現場變得非常吵鬧混亂，光是主持人要讓那些孩子稍微安靜下來準備開場就花了很多時間。

當時預計晚上七點半音樂會就要開始，結果到了七點四十五分現場還是一片鬧哄哄的。小朋友全場隨意跑動、站起或坐下，家長都不太會去管教。有些家長會把哭鬧得太厲害的孩子抱出場，但有些就完全不管，整場一直都有哭鬧的聲音。

田宜歆出場彈琴的時候，一進去就聽到小孩子興奮的尖叫聲，還有主持人整場都一直很盡力地在維持秩序的聲音：「請大家先安靜下來喔，要好好聽音樂才能回答等一下的問題。」

「因為第一次遇到這種狀況，這場我真的覺得彈得有點累。」沒想到第二首田宜歆出場的時候，就有一個小朋友忽然就站起來指著她大喊：「怎麼還是你呀？」讓在台上的她頓時傻住。

主持人反應快，趕緊解釋說：「因為這場是田老師的音樂會，所以等下還是她來表演。那你原本是想請誰來呀？」這樣反問了那個孩子。結果那個小朋友竟然回答：「我以為是江蕙阿姨會來！」當下真的令田宜歆哭笑不得。

「雖然吵雜但也能很直接感受到，他們把這場音樂會當成廟會般參與的熱情，跟他們互動時反應也很熱烈。」

由於新世代社會福利關懷協會的小朋友來參與這場音樂會十分開心，不僅熱情地頒發了感謝狀給她，還提出希望卡通音樂會能在二〇一四年九月二十七日，再舉辦一次的建議。甚至直接向音樂會團隊詢問票數，問這次能不能給他們一百七十張票，響應熱烈。於是田宜歆不久又去台南演奏了一次。

雖然這次前來聽音樂會的部分觀眾隨意過頭，有些不尊重台上的演出者，但田宜歆覺得他們是相當直接而熱情的。而且經過一場一場音樂會，觀眾也能學習到聽音樂會該有的禮儀和素質，讓她覺得這次來台南推廣是值得的。

顫慄舞台

在嘉義民雄的國家廣播文物館的半戶外卡通音樂會〈打開卡通音樂盒〉，是最讓田宜歆膽戰心驚的一場演出。

二〇一四年五月十八日，受到民雄廣播文物館、民雄聯名代表會、民雄鄉農會、民雄文教基金會的邀演，田宜歆與音樂會團隊首次來到嘉義。民雄廣播文物館台長非常熱情有心，想要透過館慶，結合夏令營與戶外控窯等一系列活動，舉辦一場主題與歡樂、童心有關，有趣活潑的卡通音樂會。

於是在文物館內靠近門口的地方搭設了臨時舞台，約有兩百個座位，部分票捐贈給附近育幼院的孩子。

「我們是在很倉促的情況下完成這次的表演的，匆匆地到場，沒怎麼彩排就開始，一演完馬上就要趕高鐵。」趕場演出的他們，與時間賽跑。沒想到抵達現場的時候真正的比賽才拉開序幕。

因為搭設的台子是空心的，一走上去舞台就會震動，當田宜歆和其他五位表演者踏上舞台時，就可以感覺到腳下晃得很厲害，更何況舞台上又擺了一台平台鋼琴，踩一下踏板場地就會晃動，彷彿在坐雲霄飛車。所以演奏時她一直叮嚀自己不能彈得太用力。

同時因為是半戶外式的，琴譜也要用夾子夾緊以防被風吹走。「在這種不安定的環境中要怎麼完成演出，就要依靠平時修練的工夫夠不夠。」

雖然需要克服演出環境的不安因素，但是仍絲毫不減這場音樂會的意義，可以體會到這個活動帶給孩子的快樂。

你們聽見音樂，我們看見愛

卡通音樂會的理念是每年至少要辦一場公益音樂會。其中有一場是田宜歆第一次辦的募款音樂會。

二〇一四年十一月二十九日，〈音樂愛世界，世界都美好〉關懷愛滋兒的公益音樂會在台北巴赫廳舉辦，座位約一百五十個，受贈單位有台北市愛慈社會福利基金會、台北關愛之家協會、台北路德教會。

「為什麼要辦這場的其中一個原因是因為，關愛之家、愛滋患者長期備受歧視，到什麼地方都會遭受抗議，希望他們能夠搬離的聲音一直層出不窮。」

田宜歆認為很多人只因自身的無知，就盲目將恐懼的箭靶扔向愛滋患者，盲目地朝他們投射貼有錯誤觀念標籤的箭矢，「很多愛滋寶寶都是因為原生家庭的垂直感染，但是有些其實是可以康復的，成長之後不一定體內就會有愛滋病毒的帶原。」

關愛之家也不一定是兒童，也有帶原之後成長的青少年，他們在治療的過程中體悟到自己必須站出來，讓大家真正了解這個疾病，而不是盲從跟隨刻板印象進而歧視。所以就挺身而出擔任了社團內的義工。他們勇敢的站出來講述自己的

2014 年 11 月，田宜歆於台北巴赫廳，為愛滋兒演奏。

歷程、公告自己的身分，到校園去宣導，教大家認識以及如何防範這個疾病，但還是有很多人擅自地給愛滋患者貼上標籤。

「因此我們也邀請了三個社會企業參與，之後他們也有捐款贈給這些需要幫助的團體。雖然我第一次舉辦的募款音樂會，募到的金額並不是很多，但是我覺得至少能給他們一點溫暖，因為很多病患都是處於隨時直面死亡的狀態，要非常勇敢。這些團體是需要被大家關懷的。」田宜歆說自己因為音樂會認識到不同的弱勢族群，才能更貼近地了解，他們之間不盡相同但都一樣艱辛的困難。

當天現場安靜聆聽、順利完成演出，氣氛非常溫馨感人。

舞台之外的聲音

二〇一五年十二月十三日這一天，在台北台泥大樓的士敏廳裡，多了許多朝氣蓬勃、活潑快樂的聲音，一場不一樣的音樂會正熱烈進行著。

2015 年 12 月，於士敏廳，為關懷受虐兒而演奏。

2015 年 12 月，於士敏廳，為關懷受虐兒而演奏，團隊謝幕。

純公益音樂會「勇敢向前走」，由小甜甜愛心公益卡通音樂會及真光福音教會主辦，紅龜好事平台及紅龜好事推動協會協辦。受贈單位有：台灣兒童伊比力斯協會、中華育幼院、勵馨基金會、台灣少年權利與福利促進聯盟、家扶基金會、天使心家族福利社會基金會。

當天現場來了很多不同的弱勢團體的孩子，像是愛奇兒、自閉兒、受虐兒等不同狀況的孩子，都一起坐在台下快樂地享受音樂的美好。

「我們是透過真光福音教會、藝人小炳的力量，邀請這些團體來音樂

2016 年 6 月，於台中中興堂舉辦，主題為「勇敢向前走」，團隊大合照。

廳。當天是客滿的，雖然我不知道他們各自是在哪個座位區，但我知道他們有來到現場。」田宜歆想起那時在台上，看到台下許多孩子笑得開懷的臉龐，心中頓時滿溢難以言說的激動之情。

「你們可以聽聽彈馴龍高手那場的影片，除了樂器的聲音，裡面有很多奇怪的叫聲。因為這些特別的孩子對音樂有很敏銳的感受，會控制不住自己的情緒，實在是太興奮了，所以就跟著手舞足蹈或站起來打拍子，甚至激動到發出叫聲。」

這些特別的孩子，當他們要表達情感時常是純粹而直接的。他們無法用更多更深的詞彙言語來傳達自己激動的情緒，但他們常是對音樂極其敏銳，甚至有超乎他人音感的。所以當聽到歌曲激昂處，他們會興奮地大力鼓掌，忍不住開心大叫，幾乎要跳起來舞來；歌曲若是比較柔和時，也可以安靜下來聆聽；中場休息的有獎問答，即使這些孩子口語不佳，無法完整回答，但他們還是很踴躍的舉手。因為對他們來說音樂是快樂的，只要有音樂的地方，他們絕對非常高興。

這正是這場卡通音樂會不一樣的地方。

因為一般的音樂會需要非常專心安靜的聽眾，但是特別的孩子因為生理或是心理的不同條件，沒有辦法完全控制自己的行為。許多家長也知道自己的孩子喜歡音樂和觀賞表演，卻深怕他們控制不住的開心叫喊會影響演出人員和其他觀眾，所以一直無法去欣賞音樂會。因此這樣一個活潑、知性卻不拘謹的音樂會，提供了一個機會，讓這些孩子不僅能夠開心地欣賞音樂會，更能不用百般限制自己。

這些家長陪伴特教孩子成長的一路上，常常必須面對各種考驗：一開始得知自己孩子狀況的驚慌，來自外界甚至是親人好友的質疑與不諒解、不支持；如何與特殊的孩子互動溝通，教導他正確的觀念；生活中，日日夜夜承擔的壓力與苦澀也無法與外人說起。與孩子一起成長、克服困難，是幸福，但也無比辛苦。

所以卡通音樂會也讓這些家長得到一個輕鬆快樂的午後，可以放鬆一下喘口氣，釋放平日的壓力，聆聽樂曲，心靈一片平靜自在。或是坐在座位上，靜靜看著孩子高舉著雙手，恣意舞動身體，笑靨燦燦。就算有時發出一些不同的聲響，但是在鋼琴的伴奏下，都成為了天籟一般的聲音。讓這些家長們感受到這世界還是存在著愛與關懷，是可以包容許多不同的聲音的。

後來田宜歆也認識了這些孩子的母親們，他們知道她即將要出書都很樂意分享他們的心得——能夠有機會讓這些有點特別的孩子，也能享受音樂的饗宴，擁有美麗的經驗，真的是一件非常幸福的事。

「因為這場帶來的感動迴響，所以真光福音教會的牧師與我們約定，今年的十一月十三日要再舉辦一場給顏面傷殘的小朋友。希望能盡量把資源給一些比較少受到關注的族群，邀請不同的弱勢族群的孩子來參與音樂會。」

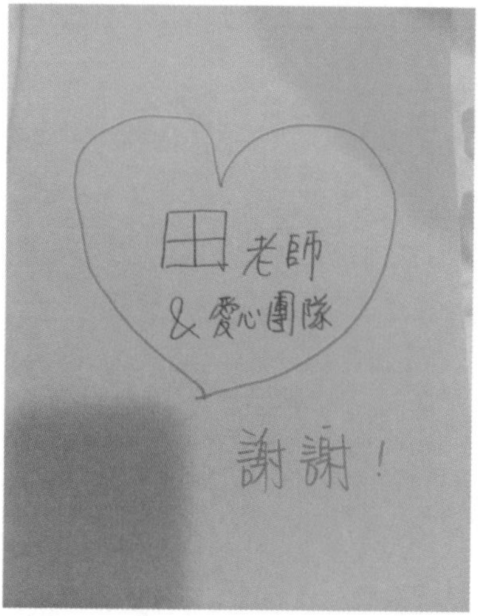

關懷受虐兒音樂會，慢飛天使小朋友贈送之感謝卡。

特別收錄：卡通裡的音樂教育（三）純真與善良

人性最美的莫過於純真與善良、無私與包容。魔法音符神秘的傳說，其實就是大家遺忘的純淨與真實。

（一）《龍貓》：此故事是對日本鄉村生活迷人之處與緩慢節奏的描繪，在那個只有孩子才能看見的不可思議世界，和美麗豐富的純淨森林，大學教授草壁達郎和他的兩個女兒皋月、梅，一同搬進森林附近的一間老舊房子裡。教授的妻子因染上結核病，在距離他們現在所住的老屋子有一段路程的醫院中養病。在新家四處探險的皋月與梅發現了各種奇妙的生物，像是藏匿在閣樓間的小黑球、能將自己身體變透明的小龍貓。妹妹梅在追逐小龍貓時被引領到樹洞裡，意外遇見了森林的守護者大龍貓。大龍貓在一次梅為了將玉米送給母親卻迷路時，幫助了皋月找到了妹妹，並召喚龍貓巴士載她們到醫院。

片中的大小龍貓，只有孩子們才能看見，大人是看不見龍貓的。象徵著要如孩子一般擁有赤子之心，保持著善良和純真，才能活出真實的快樂。在快速變遷的現實生活中，時時充滿善念與純真，正是通往快樂國度的不二法門。

音樂會原創插畫：神秘森林。

（二）《冰雪奇緣》：故事描寫艾倫戴爾王國有著兩位個性截然不同的公主，艾莎與安娜。姊姊艾莎冷若冰霜，舉止優雅合宜，妹妹安娜則生性活潑衝動，熱愛冒險。但看似冷冰冰的艾莎其實擁有觸摸物體就將之凍結成冰的魔法，尤其情緒激動時更無法控制，因此一直不敢接近人群，更不敢靠近安娜，怕傷害到親愛的妹妹。有一天，艾莎必須接下統領王國的重任，但兩姊妹的一場爭吵讓艾莎長久以來積壓的情緒瞬間爆發出來，在眾人面前施展了冰的魔法，於是她匆惶奔逃，離開了家鄉。但一時使出的魔法卻讓整個王國變成冰封的雪國，安娜為了解除魔法，冒著風雪出發尋找姊姊。在路上碰上喜愛冒險的登山人阿克與他如忠犬般個性的馴鹿，以及天真搞笑的雪人雪寶。他們一同攜手踏上旅程，挑戰冷峻的雪山與一路上種種險境。

此片的重點，強調人生中的真愛無敵：安娜為了擋住漢斯要刺向艾莎的一劍，不顧自己將被冰凍的危險，為愛犧牲。她在生命垂危時沒有奔向能用真愛療癒自己的阿克，而是選擇自我犧牲，前去拯救即將遇害的艾莎，這個舉動仍構成了真愛的條件，消除了魔法。艾莎也了解到真愛才是主宰冰魔力的關鍵，終結了自己先前無法控制的寒冬。因為真愛的力量，艾莎與安娜重拾了過往親密的姊妹關係。真愛的力量是非常巨大的，知名網球選手威力斯在低潮時，在一場音樂會中遇見了美麗的牙醫師貝蒂，在她的鼓勵下，威力斯不僅克服了酗酒問題，在比賽中也連闖六關，奇蹟似的拿到了溫布頓會內賽的資格，準備挑戰十八次抱走大滿貫金盃的球王費德勒。他的逆轉勝，也證明了愛的力量是無敵的。真愛的力量能讓人挑戰自己的不可能，克服內心的恐懼與障礙，而真愛，也是我們生命中最大的禮物和寶藏。

（三）《風中奇緣》：無私與包容。此故事的內容是迪士尼首次取材於真實歷史人物的故事，再加上一些流傳於印地安人中，有關主角美洲印地安公主寶嘉康蒂的民間故事，融合編彙而成的。故事內容主要敘述了，主角寶嘉康蒂和英國探險家約翰．史密斯相遇後發生的愛情故事，以及來自維吉尼亞公司的商人們踏上印地安人所居住的這片土地後，對原住民生活帶來的變化。這位印地安公主，教會了男主角如何用愛來包容世界萬物，每一種生物都有它存在的意義和可能。寶嘉康蒂在她和約翰相處的期間，教導了他要以一種和之前截然不同的角度來觀看這個世界：萬物都充滿了靈性，處處是美，並且不要將她的族人們當成野蠻人來看待。

包容的力量是很大的，但也非常難做到。若人生中能學會用更寬廣的視野，更大的心量去接納與包容其他人、其他物種，以同理心的角度去理解其存在的意義的話，就能夠尊重多元的差異性，包容缺點，欣賞優點。接受萬物都是平等的，這就是最大的智慧與最高的境界了。

音樂會原創插畫：風中樂聲。

♪第七章♪

延續感動

種子種下去了，必然還需要陽光、水、養分各種因素給予幫助，方能破土，成長茁壯。卡通公益音樂會在台灣這片土地上默默耕耘，至今已有六年，其間得到認同他們理念的團體協助，音符的種子正等待萌芽。

從去年開始，田宜歆打算走出以往的音樂廳，懷著這份與音樂會團隊與觀眾共生的感動，化為力量走進交通較為偏遠的地區，將這份感動繼續延續下去。

音符下鄉

卡通音樂會在今年開始了偏鄉深耕的表演藝術播種計畫，決定去宜蘭下鄉巡演。希望能夠在地深耕，專心在宜蘭發展一到兩年或兩到三年。演出內容與當地學校特色融合，厚植人文影響力。「今年是十到十二個小學參與，未來幾年希望能做到至少三百八十個偏鄉巡迴演出。」

在演藝廳與下鄉的主要差異在於，事前籌備的程序與事項不同，和觀眾與演出者間距離的變化。

在演藝廳進行演出，需要一年前就送審資料以申請場地。公家機管的場地器材運作一定要有經費，需要尋找贊助方。同時又有一定的售票壓力，宣傳行銷、文宣品一樣都不能馬虎。

下鄉巡演則面臨場地器材的考驗，無空調無鋼琴無音響，場地可能易有蚊蟲干擾等突發因素，需要音樂家克服演奏環境，舞台總監費心思安排舞台設置。

「但這樣才能跟孩子拉近距離，他們能更近地聽到我彈琴的聲音，看到我彈琴的表情。我也可以

2016 年 10 月，首場音符下鄉馬賽國小場大合影。

更直接感受孩子們的反應。這跟在演藝廳，我在台上他們在觀眾席，有一段遙遠的距離是不同的。」

兩種表演場域各自有不同的困難，也都有很多繁瑣的事項要處理。目前在城市的演藝廳奔波表演已有五年成果，是時候轉換模式經營，盡可能將資源送往不足的地區，讓在偏遠地區、交通不便的學童也有機會欣賞。

「想要更親近孩子一點，所以想要下鄉。」對於田宜歆與卡通音樂會團隊來說，無疑是另一個新的挑戰。

開心・服務——記大湖國小「憤怒鳥PK越野車」音樂會

一磚一瓦，砌出街坊的模樣。人們來來去去，而時間成為一片樹蔭，在靜默磚牆上恣意延展。

愛因斯坦說，「人生就像騎自行車，想保持平衡，就得向前騎。」二〇一六年十一月二十九日這天，田宜歆與卡通音樂會團隊來到了宜蘭縣大湖國小，一所擁有越野車隊的學校。

走進表演會場，色彩鮮豔的氣球布置正逐漸成形，隨著氣球造型師的巧手，一隻隻滾圓的憤怒鳥蹲踞在綠色氣球間，等待今日哪個班級會將自己帶回去；舞台上主持人與越野車隊表演的學生在進行彩排，配合著音樂的節奏，靈巧地控制車身，於舞台上穿梭、繞圈；志工團也布置好報到處，桌面上的文宣物與愛心贈品皆已就緒。人聲漸多，會場的氣氛開始熱鬧了起來，一切正為著下午即將到來的演出，熱身就位。

相對於前方舞台的熱鬧，會場最後面擺著的幾張桌子倒像是自成一個小空間，桌面上擺滿全校師生的作品，是與宜蘭磚窯廠合作的磚畫——前些時候音樂會團隊來場勘表演場地時，眾人一進門立即被這些磚畫作品吸引目光，林校長與張主任便熱情地向大家介紹。

一個個磚塊上勾勒著各式各樣的字與圖畫，放眼望去，其中又以鳳梨占據多數，「因為員山這裡有盛產鳳梨，」林校長分享這次全校創作的初衷，「附近的磚窯廠以後若是關閉了，會很可惜，所以藝術教學能與當地的傳統產業結合，我認為是很重要的事。」

磚畫，磚話。在磚上畫畫，藉由磚來說出自己想說的話。讓人想到小時候與青梅竹馬在其中嬉戲的三合院。三合院的紅磚牆，就是當時孩子們天天玩耍時必見的景色：大樹的枝葉垂下，在牆面上投下一大片陰影。當人事流轉，靜默佇立的磚牆就這樣悄悄地，將過往來來去去的人們的喜怒哀樂，以青苔藤蔓蜿蜒的方式記存著，然後累積成為——人與土地的記憶。

紅磚製造已有數千年的歷史，所謂的磚窯，就是燒製紅磚塊的工廠，又稱「磚仔窯」。昔日交通不便，磚土不易搬運，所以磚窯多建在原料產地，便於就地取材，宜蘭縣就曾有二十多座製磚窯廠。如今隨著建築方式轉變，已逐漸凋零。人生不長不短走一遭，最終牽扯心緒的仍是「家鄉」，但又有多少人真正了解自己身處的世界？若能藉由藝術教育，讓學生動手創作，歷史就不再會只是課本上的白紙黑字，傳統文化記憶也不再只是停留在觀光的流水行程裡。而是能更深刻地體會到，人與人、人與事物，之間存在的關聯。

卡通音樂會的初衷也是如此，願能藉由藝術——卡通與古典樂結合的演奏，搭

2016 年 11 月大湖國小與其他贊助單位與小朋友合影。

配主持人生動導聆的兩小時音樂會，讓學生，也讓大人，在資訊繁雜快速的生活中一同感受卡通故事與音樂的魅力，感受單純無求的快樂，這件看似簡單卻重要的事。

而在磚畫中無意間尋覓到的畫面，是卡通音樂會在這場大湖國小演出中的心得——「開心．服務」。

在不損害自己該有的利益狀況下，顧好自己的本分，主動甘願的參與，在整個過程中，感受各種不同事件的起承轉合、與人互動的感動。學生、觀眾看得開心、學得開心，贊助方看見付出有了意義也開心，於是卡通音樂會存在。

因為，開心服務！

舉手——記內城中小學「琴逢笛手」音樂會

常聽到一句話：「機會是留給準備好的人。」把自己準備好，當機會來臨時就能好好把握。但，真的只是這樣嗎？

音樂會演出中的有獎徵答時間。

化身成神奇寶貝雷精靈的主持人DK：「你知道剛剛馴龍高手是結合哪一首古典樂嗎？」

一個到台上就開始害羞的酷哥：「……」

「沒關係，知道答案就說出來，不知道就誠實說不知道！」

「不知道！！！」

「很好！那我現在給你兩個選項……」

二〇一六年十二月六日這天，田宜歆與卡通音樂會團隊來到了位於宜蘭縣員山鄉的內城中小學，適逢創校三年校慶，是所校地廣大，坐落在田地間的學校，因此校園風景也非常優美，視線所及之處是一氣呵成的「天地一線」，沒有高樓聳立，遼闊的天空與田野相接，讓人想要張開雙臂奔跑。

內城中小學是宜蘭縣第一所公辦公營九年一貫的實驗學校。在二〇一三年，由榮源國中與內城國小合併而成，所以如果只依照Google導航前往的話，就會被帶到內城國小的舊址。音樂會團隊初次拜訪時也困惑了一下，不過只要沿著路繼續往前就可以順利抵達內城中小學。

一進到校門，引人注目的是建在水池中的圖書館，像是一座架在池面上的白色玻璃鋼琴。再往前走，是教室和廣闊的校園空間。宜蘭多雨，上學讀中若是浸濕了鞋子，悶著上課一整天真的是超難受，還會害腳生病。像內城中小學這樣在教室外設置鞋櫃，進出教室可換鞋的貼心設計，不僅讓學生可以免去與黴菌作戰，更能專心享受學習時光，可謂一大良政。

其實，這次在內城中小學的音樂會，是音符下鄉計畫展開以來，第一場觀眾是由國小生與國中生組成的，之前都只有國小共襄盛舉，要怎麼讓年紀較長的學生也能有所共鳴、投入其中？對音樂會而言是一個新的體驗與挑戰。

當然，對主持經驗豐富的主持人 DK 來說，不用擔心，一出手就吸引了全場的注意力，在開場時宣布了今日有獎徵答的獎項，其中又以偶像歌手的海報最受歡迎。內城國中小的同學都非常熱情，搶答時舉手速度超快。而有些孩子當被 DK 選中來到台上，承接台下眾人目光時難免羞赧了起來。不過就像主持人 DK 引導同學時說的：「沒關係，知道答案就說出來，不知道就誠實說不知道！」害羞沒關係，不知道答案也沒關係，「知之為知之，不知為不知」，誠實以對，就是值得鼓掌佩服的「勇敢」。

卡通音樂會在二〇一六年的演出主題，正是「勇敢」。

一直以來我們都被教導「機會，是留給準備好的人」，老實說，怎麼樣才是「準備好」？「準備好」的定義在哪裡？很多人往往因為覺得自己還沒準備好，所以當機會來了仍舊決定先放棄，「想再準備多一點，或許就能獲得更好的結果」。最後才發現機會都被勇於先說我要的人拿走了。有時候，我們只是需要多一點勇氣，去踏出那一步而已。

機會，是留給準備好的人？

機會，是給勇於爭取的人！

而前面提到了「偶像歌手」，致力於推廣表演藝術、音樂教育的卡通音樂會，自然也有關聯。

十一到十三歲的孩子，進入了身心各方面都不得不橫衝直撞的青春期。在這個從兒童到成人的階段，接受身體成長與變化的同時，也在資訊龐雜、流動快速的現今，一點點的探索，建構價值觀，初探自我與社會共同價值的差異。

開始定義自己，也開始尋找能說出自己生命形狀的音樂、藝術、信仰等各種人事物。「偶像」也是其中之一。偶像明星經營形象，我們將自己期望的價值投射到這個形象上以獲得滿足。因為現實生活常常都不是圓滿順遂的，每個人都會需要情感上的寄託，在偶像身上，我們能夠看到自己所欠缺所嚮往的事物，不論是親情、友情、愛情、良好的外貌身材，以及夢想的實現——這種情感上的寄託和堅持，可以轉換成一種生活的動力和信念。

2016 年 12 月內城國中小，田宜歆贈送卡通音樂會音樂總監所準備的聖誕小禮。

青春期的孩子尤其容易投注在偶像歌手身上，若家長不先去了解就一味反對，彼此沒有溝通的空間，親子關係反倒會因此緊張起來。卡通、流行音樂、動漫畫、電競遊戲、同人誌，許多活潑精采的大眾文化之前常被外界冠上不良的印象。其實，只要在平衡健康的基礎上發展，這些興趣就不會是玩物喪志，不會是靡靡之音，而是可以寄託情感的，一種生活的信仰。

音樂會結束後，陶笛隊的學生紛紛圍在田宜歆身旁，說想要跟她合照，「我好喜歡田老師！」

「田老師是我的偶像！」看著一張張害羞快樂的臉龐，田宜歆回以大大的溫暖擁抱。

能說出自己生命形狀的信仰，田宜歆找到的是，古典樂。

孩子們，請讓我為您演奏

「我的偶像是舒伯特。」田宜歆不急不徐地介紹著，在音樂界中引領自己的標竿人物。

「其實創作奏鳴曲的作曲家之中，第一名是貝多芬，第二名就是舒伯特。但因為舒伯特是個一直生活在貝多芬的陰影下的音樂家，在他出生的時代中，貝多芬就已經被公認為這個領域的天王。所以舒伯特一直到他死後一百年才成名，大家才知道舒伯特寫了這麼多經典的曲子。」

對田宜歆來說，舒伯特一直想要超越貝多芬的心情，她是可以了解的。「我可以懂得一位藝術家、音樂人他想要繼續努力、想要自我超越的心境的。舒伯特的曲子真的很困難，一首曲子彈下來都要四十分鐘，但是學藝術就應該要自我超越跟自我突破，不論到幾歲都希望自己在琴藝上或是音樂的認知、內涵上，有所成長。或是像卡通音樂會創意的這部分也是，每年都會想翻新。因為我的個性是比較要求要自我突破的。」

公益卡通音樂會每年至少舉辦一場純公益演出，以及至少兩到三場公益加售票的音樂會。除了構思新穎的創意，要想長久運作下去，只依靠個人的信念與毅力是不可能的。

田宜歆是發起人，但終究是一個人，長遠來看，必須找來認同這個理念的音樂家們參與演出，結合年輕世代的力量，讓世代之間合作，善用行銷工具，同時制定出一傳承的模組跟模式，這個充滿正面能量的公益活動才能長久經營。

今年，卡通音樂會六歲了，她在這些年帶領團隊一路走來，將心中的理念逐一確認。

「卡通音樂會是公益音樂會，它是一種無私的分享。我們演出，目的不是說在這

2017 年 1 月田宜歆與公館國小孩童合影。

個演出裡一定要得到多少的掌聲，當然演出好就會有掌聲。但最重要的不是期待掌聲，不是去在乎在這個活動當中得到了什麼，而是自己去分享什麼。」

「分享你的愛、你的創意，或是你的實驗精神。我不是想到我自己，而是想到我的團隊能做什麼事，為這個社會、為這些小朋友，能做到些什麼事，以我的專業。」

二〇一七年的主題〈卡通世界 魔法音符之旅——把愛傳出去 音樂美．LOVE遞〉，田宜歆盼望能讓孩子們感受到音樂的奧妙，在藝術的世界中認識自己，每個人都有屬於自己的顏色，有自己的守護天使。

「希望能讓大家明白：把善的種子播出去，付出是一種幸福，愛是無所不在的。透過我個人小小的力量、卡通音樂會團隊的力量，傳達這些想法，多一些溫暖給這個社會。」

寓教於「樂」

「啊，我想再補充一下關於未來的期許！」最後一次採訪的末尾，手指勾起茶杯晃起思緒，杯裡溶著咖啡廳玻璃折射過後的陽光。田宜歆啜了一口，笑著說話的時候眼裡也有陽光。

「我希望能辦一個有音樂教育理念的音樂會。」

「音樂教育跟音樂比賽是不同的。音樂教育，可以讓孩子打開對音樂欣賞的窗口，但不是一定要他當音樂家。但在現在這樣的升學壓力之下，音樂變得好像只是一個工具。」當音樂變成工具，變成只是進入所謂好的班級的升學的手段，對音樂的認知和體會也不免落入偏頗的處境。

如果只是把自己關在練習室裡面應付各種不同大小的比賽，只看得見成績跟評審，依靠外界給予的掌聲的話，這樣只會強化自我而已，沒有辦法跟別人分享或交流，甚至無法去接受特別的、自己不曾想像過的音樂。「所以也許就會有質疑的聲音說，你在搞什麼啊，你怎麼把憤怒鳥融合古典又加上各種畫面什麼的，這樣還是古典樂嗎？」或是有些學生小時候是在管樂班等等音樂相關的班級裡，結果畢業之後就再也沒有碰過樂器了，「我覺得這樣是很可惜的，沒有真的有打開窗口去喜歡上。」

「我有一個學生，從小學開始就跟著我學琴。他的音樂性、音樂的表達性很好，上了大學後，還是每兩三個禮拜就會回來找我學琴，即使他媽媽覺得以後念音樂很辛苦，但我相信音樂會成為他生活的一部分：三不五時練練鋼琴，可以在他讀書時給他點安慰和調劑。學習古典音樂之後他也可以去欣賞各種音樂。我覺得這就是有開到窗

2017 年 3 月員山國小田宜歆演奏獨影。

口，音樂有紮根在他身上。」

「常常聽音樂是很重要的，因為我們人類的聽覺是最後消失在世界上的。」音樂是種頻率，可以調整人體的各個方面。像是面對突發事情時，你的反應系統、心跳、生理反應，可以透過不同的音樂去調節它。

「或者是為什麼我們會喜歡待在星巴克、咖啡廳？是因為它都是放美國爵士音樂」田宜歆放下茶杯，手指俏皮地往上方指了指，「你可以仔細聽聽看喔，爵士樂的即興風格會營造出很輕鬆的氛圍，讓人會忍不住想待在這裡休息片刻。」

「音樂影響人很深的，但是要懂得欣賞。」

寓教於樂，寓教於音樂，是田宜歆對卡通音樂會的期望。「我們有些編曲雖然不是融得非常好，有可以再進步的空間。可是那又如何，至少我們做了一些創新，觀眾也有感受到我們想要分享的心情。編曲的好壞要與自己比較，像是卡通音樂會的第一年與第五年，回頭望望過去，現在我們又更成熟了，這就是進步。」

其實，不只是卡通音樂會一年又一年如主持人DK在演出時扮演的神奇寶貝一般，慢慢地進化升級著，田宜歆從一開始走到贊助團體之中傳達自己理念時仍顯青澀的怯怯，到如今，與卡通音樂會一同成長的六年經驗已蛻成她堅定溫柔的目光。

「藝術的世界哪有什麼最好或最不好，」

「最重要的是真實的感受，在摸索與創新中去得到樂趣。這就是音樂好玩的地方。」

田宜歆誠摯地道出自己的理想，而一路上夥伴與貴人們回以認同，義不容辭地出力。起初只存在於她腦海中的心願，那顆小小的種子，將許多志同道合的人集聚在一起，集聚在這片如今已經變成眾人共同冀望的音樂花田上，攜手墾沃，繼續種下一顆顆美好的期願。

田宜歆的音樂之旅，永遠不會停息。

2017 年 5 月利澤國小大合影。

♪ 附錄 ♪

卡通音樂會團隊夥伴感言

音符下鄉巡演國小校長推薦語

（依姓名筆畫排列）

舞台總監暨主持人 DK（徐凱）

2010 年，透過 Facebook 我找到了三十五位小學同學，有些真的是小學畢業後就沒再見過面的，田宜歆老師算是其中一個。二十多年不見的老同學，因為一個夢想與理念，把我們給湊在一起，就這麼堅持了七年。音樂會的開場白這麼寫著「我們卡通音樂會的主角叫做荳荳，因為音符階梯的第一個音是 Do！」

卡通音樂會，跟我以往所接觸的舞台有很大的不同。我的主持生涯中，有大大小小不同形式的音樂活動，聽到很多歌迷對偶像尖叫吶喊，看到很多粉絲在台下激動流淚，但是在這個舞台，看到的是每個孩子的天真眼神，聽到的是每個孩子的開懷大笑。三十多個場次中，不管是超過千人的『大場』，還是只有幾十人的『專場』，每一場都帶來滿滿的感動與回憶。

卡通音樂會，跟大家印象中的鋼琴演奏會有很大的差異，我們結合了古典與卡通音樂，打破了傳統與現代的藩籬，重新做了巧妙的編排與融合，所以每一首作品的誕生都是一趟神奇的音樂旅程。每年想著不同的主題，說著不同的故事，演著不同的曲目，但始終有著相同的信念，就是把生硬的音樂課，變成一場華麗有趣有笑有淚的冒險。一開始，台上的表演者只有我與田宜歆老師兩個人，我們用一顆簡單的心，加上一雙彈琴的手，還有一張說話的口，成就一場有愛的秀。慢慢地又多了插畫、動畫、沙畫刺激視覺上的變化，用氣球布置營造了活潑生動的舞台，接下來不可思議的舞台上開始有了大提琴、長笛、薩克斯風、法國號，輪流用旋律說著大家熟悉的卡通故事。令人驚訝的，每個學校也用著他們發展的特色與我們互動交流，這一切的美好都是源自於那顆美好的音符『Do』還有我們最真心執著的Do。

七年了，這本書的出版代表著一個新的起點，我們會用心喊著「預備七」，繼續著魔法音符的旅程，卡通音樂會所散發的夢想力量，只有在笑聲停止的時候才會消失。謝謝每一個滿意我們演出的笑臉，期待每一個盼望我們演出的笑容。

音樂會即將開始，請跟我喊出今天的音樂魔法咒語：「卡通 音符 向前 走，荳荳 夢想 音樂GO！」

編曲老師 江之潔

因為緣分，音樂家們彼此相遇；因為勇氣，音樂會持續至今；因為創新，讓台灣的藝術教育多了新的可能。

「小甜甜卡通音樂」是我第一次為大型音樂會譜曲的創舉，更是我在音樂創作上的養份，謝謝田老師大膽地選擇了一位非音樂科班出生的我，或許因為「創意」而能激盪出絢爛的火花。在第一期音樂會中，我改編了許多經典的卡通曲目諸如：阿拉丁主題曲〈A Whole New World〉、龍貓〈隔壁的豆豆龍〉、天空之城〈伴隨著你〉、真善美主題曲〈小白花〉、魔女宅急便〈季節的迴轉〉等十三首曲目，甚至還為了我自己的愛犬—布朗尼寫了一首炫技又歡樂的曲子，到近期又新增許多動人的曲子，如霍爾的移動城堡〈人生的旋轉木馬〉、崖上的波妞同名主題曲等曲目，我們試圖從卡通音樂與古典音樂中間搭一座神秘的橋樑，讓每一位孩子都有認識音樂、享受音樂、舞動音樂的權利！這一回首，已是八年多……。

希臘哲人蘇格拉底曾說：「美是上帝的微笑，音樂是上帝的聲音。」音樂的魅力只有親自體驗才能擁有，這種美感經驗是他人無法取代的。希望小甜甜卡通音樂會持續茁壯成長，透過音樂教育之洗禮，讓我們每個人的生命變得更加有價值。

長笛老師 何立婷

2016 年開始與田老師合作卡通音樂下鄉演出，每次接到田老師電話，她總是用著一種甜美又不失溫柔的聲音對我說：「何老師，下次請您準備改編幾首獨……」或「何老師下次請您與周老師（尚德）討論幾首合作曲目」，每次我都會在電話中帶著微笑凝視遠方回答她說：「好的田老師，我會努力思考，接著身體開始冒汗、頭皮開始發麻。

對於一個從來沒有改編過樂曲，只會單純看著樂譜演奏，但在田老師堅定的表達她希望是卡通音樂結合古典音樂，也迫使從不進電影院看動畫片的我，只要一有新的動畫片上映，我就會去買票進電影院了解影片內容及配樂，然後開始思考如何將不同音樂的風格、和調性的協調嘗試融合。

真的能感受到田老師對學童的用心教學與愛心，以及幕後辛苦的義工和行政團隊，因為大家的心和理念是一致的，每一場的演出結束，看著台下孩童們臉上的笑容和嘴裡哼的旋律，讓演出前那些頭疼腦筋打結的夜晚都變得更有意義和值得回憶。

法國號老師 李絢迪

認識了您，在對的時刻，做了最有意義的事。

踏進卡通音樂會的現場，洋溢著期待歡樂氣氛。

小朋友們，都在期待最重要的靈魂人物！田宜歆老師。

田老師演奏鋼琴的時刻，真情流露出對音樂的感動。在樂曲中敘述著她小時候的故事。瞬間，孩子的眼中，開心亦是期待，現場歡樂笑聲，充滿整個廳堂。

每次演出前，只要見到笑臉迎人、個性樂觀的宜歆老師，整個團隊氣氛，瞬間如同春臨大地般的活潑熱鬧。也因為宜歆老師，由衷地出自內心與執著奉獻在熱愛的音樂，讓她能在各種試煉與挑戰中，仍然能用她一貫的樂觀、開朗、溫暖周遭的每一個人，燃燒自己，照亮別人。

生命總是充滿驚喜，在最不經意的時刻，認識了您。與您合作演出，對我而言，是人生中最大的成就與回憶。身為卡通音樂會演出團隊一員，很幸福。

李絢迪
Shendy

執行秘書 李伊

能參與卡通音樂會的團隊，是一個美麗的巧合。因著好友雅丹的介紹，認識了簡郁峰執行長，進而接觸田宜歆老師所發起的音樂會團隊，同時也很感謝兩位老師都願意給予我機會，讓我能因此開了許多眼界。

畢業後返鄉宜蘭，一度迷惘未來，面對這個既陌生又熟悉的家鄉，有種難以言明的情緒，很想要為宜蘭做點貢獻，卻礙於自己的人微言輕，苦無門路，總覺得這樣的故鄉令人心傷，幸而在此時能參與到在宜蘭下鄉傳愛的卡通音樂會團隊。

小甜甜卡通公益音樂會音符下鄉，以宜蘭為起點，逐步傳愛。從 2016 年起，至今已辦過了九場，走遍了大半宜蘭，觸及了近 4000 個宜蘭孩童。託緣分的福，我有幸參與了員山國小場，未曾聽過卡通音樂會的我，對於音樂會的每個部分都感到驚奇，在短短時間內獲得了許多感動。在這過程中，我不免想像自己如果在這樣小的年紀接觸到這個卡通音樂會，將會是什麼模樣？會不會對古典音樂產生了興趣？會不會對樂器們產生好奇？會不會因為音樂而產生最純粹的快樂？而這樣的快樂能不能改變我一些想法？看著小朋友們的笑顏，我想我知道了答案。

田宜歆老師所發起的卡通音樂會，受惠的不僅僅是與會的小朋友們，共同協力的每一個夥伴，都因之而獲得許多。於各個領域奮鬥的人們，都因為這傳愛理念而齊聚一堂，各顯長才，各盡其力，過程縱然艱辛，卻是一件最有意義的事。

李伊
LiYi

薩克斯風老師 周尚德

由於家庭教育的影響，並非每個人都可以擁有多元化的藝術觀，單單以音樂而言，音樂對於許多孩子而言，大概就是大人聽什麼音樂或是看哪一方面的電視節目，就已經決定了他們所探索音樂的深度，對於偏鄉地區的孩子更是如此。

「小甜甜卡通音樂會」以古典音樂回出發點，同時又要結合當前最熱門的元素，好讓兒童可以歡喜享受，每一場音樂會，都要讓演出者竭盡心思地達到這個目的，好讓國小階段的孩子，能夠打開古典音樂的耳朵。

參與「小甜甜卡通音樂會」的每一場音樂會，都在盼望著台灣未來的希望，期待這音樂的種子，可以在孩子的心中長出音樂，甚至長出品德與面對生活與生命的智慧。孩子的掌聲與歡笑，就是對於播種灌溉的每一位演出者與企劃團隊，最美好的回饋。

薩克斯風老師 孫維廷

音樂在藝術領域裡，是能直接表露情感的美學，讓任何人都沉浸在樂音中、療癒心靈，遇到親切地田老師，是標準的教育與藝術的演奏家，親力親為要將藝術的種子，深深的播入孩子們的世界裡，她就如所有的藝術推廣者相同的期盼，要創造更多的藝術愛好者，遠勝於孤高的藝術家。團隊們將印象中高攀不了的殿堂音樂，透過卡通音樂下鄉演出的計畫，帶入每個尋常百姓家。藉由最熟悉的卡通音樂題材，結合影像和沙畫藝術，更有生動的主持人與鮮艷特別的服裝，可激發孩子的幻想空間

孩子們是國家未來的主人，不論身處在哪邊的孩子們，都應該得到相同的待遇，給予青年學子藝術的環境與氛圍，最後提升每個孩子的藝術鑑賞力，讓音樂、美學跟著他們無論到哪裡，期盼使他們的眼界和情緒更為敏銳與感性，感謝田老師與團隊帶領這樣的使命，我非常榮幸的成為散播音樂種子的成員，我將盡力發揮所常，一起執行這件美麗的計畫。

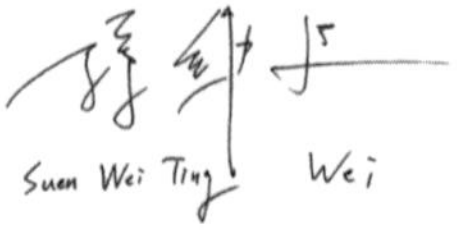

六藝劇團團長 劉克華

從事藝術，在台灣真的是一條孤獨而又艱辛的道路，既沒有商業規模，又沒有廣大的消費觀眾可以支撐；甚至這不是一個產業，藝術工作者，只能憑著一己之力，在這一條路上艱難而寂寞的努力。十年寒窗，在專業的技藝中默默的磨練自我，期許終將能把自己打磨出璀璨的鋒芒，但站上舞台環顧周遭，即使自我已經光彩不可逼視，然而四下無人，在台下應該要為千里馬喝采的伯樂在什麼地方？那應該響起如雷掌聲的謝幕，又是多麼遙不可及的盼望？

是的，這是我們從事藝術工作的困境與宿命。宜歆，即使他早已經是音樂家中的翹楚，一顆耀眼的星星，也依然長期在這樣的困境中，繼續挑戰困境，不認輸、不服輸的努力向前。

我跟宜歆同為花蓮人，我很為花蓮有這個鋼琴家女兒為傲，為榮。

不過說來慚愧，雖然我跟宜歆同為花蓮人，在藝術與工作的路上頗多相似之處，但我們認識得很晚，與宜歆頗有相見恨晚之慨。但這無損於我對他的肯定與佩服，而同樣都在專業科系畢業後，在教育這個工作上付出很長的時間，他的努力與他的苦衷，我尤其能夠體會。

生病，是宜歆生命中一個很大的考驗與轉折，在這個人生中的轉捩點上，宜歆學習用另一個不一樣的角度觀照生命。而與疾病共處，讓宜歆看見人類意志的有限，但卻也開啟了他看見生命缺陷，以及如何以自身的力量去幫助其他需要幫助的人的思考。這樣的轉換，這樣的高度，使宜歆的藝術表現，提升到了一個不一樣的、全新的境界。

我們都是芸芸眾生中，卑微而平凡的個體。何其有幸，有緣認識像宜歆這樣的人，能夠超脫自身的局限與病痛，轉化成為對人類的悲憫大愛，並將這樣的大愛，變成行動的願力。而宜歆，真的一步一腳印，用指尖的音符，涓滴而成江海，昇華成扣人心弦、賺人熱淚的篇章。

願我們都能從這樣的行願過程中、從這樣的施與受裡，看見生命的美好，得到永不止息的、勇往直前的力量。

劉克華

宜蘭員山國小校長　任立誠

卡通音樂會在蘭陽平原溫暖地散播音樂的種子，孩子們未來終將成為蘭陽平原上金黃飽滿的稻穗。

宜蘭學進國小校長　林己煜

孩子們與音樂家現場互動，未曾有過的新奇體驗。

宜蘭大湖國小校長　林清輝

在孩童享受聆聽音樂的歡顏中，看見意義與價值。

宜蘭大同國小校長　曹天民

生命的感動，觸動孩子的心靈。

宜蘭公館國小校長　彭芳玲

行雲流水的樂章，啟動孩子們的音樂夢工場。

宜蘭二城國小校長　游淑惠

用最美的音符滋養孩子的心靈，在美的氛圍中體會學習的樂趣。

宜蘭利澤國小校長　楊顯欽

感恩田老師的發願，和簡執行長的促成和團隊的努力奔走，讓孩子能享受到一場，單純只為他們辦的一場音樂會。

宜蘭內城國中小校長　劉獻東

播音樂種子，感動此刻在發芽。

宜蘭馬賽國小校長　盧聰賢

卡通音樂會激發學童熱情、想像，有限的資源整合，帶給學童無限的快樂與學習——這就是教育。

夢想，從一個音符出發

主　編／李洛克
作　者／田宜歆、鄭雅丹
封面美編／極熊設計工作室

發行人／邱文通
出版者／有故事股份有限公司
地　址／台北市信義區 11070 基隆路一段 178 號 3 樓
電　話／(02) 2765-2000
傳　真／(02) 2756-8879
電子郵件／ustory.service@gmail.com
公司網址／http://www.ustory.com.tw
印刷製版／世和印製企業有限公司
裝　訂／世和印製企業有限公司
總經銷／大和書報圖書股份有限公司
電　話／(02) 8990-2588

初版一刷／2017 年 11 月
定　價／320 元
ISBN／978-986-93248-8-5

國家圖書館出版品預行編目 (CIP) 資料

夢想：從一個音符出發／田宜歆、鄭雅丹著 .
-- 初版 .-- 臺北市：有故事，2017.11
面；公分

ISBN 978-986-93248-8-5 (平裝)
1. 田宜歆 2. 臺灣傳記 3. 自我實現

177.2　　106020625